DOG DECODER

Ideato, progettato e prodotto da
Marshall Editions
The Old Brewery
6 Blundell Street
Londra N7 9BH
www.marshalleditions.com

Titolo originale: *The dog decoder*

Nessun animale è stato messo in pericolo o maltrattato per realizzare il materiale fotografico usato in questo libro.

Per l'edizione italiana:
Traduzione: Andrea De Vita
Redazione: Martine Radomski
Impaginazione: Sonia Bizzarri

Per informazioni e segnalazioni:
info.devecchi@giunti.it

www.giunti.it

Via Bolognese 165 - 50139 Firenze - Italia
Piazza Virgilio 4 - 20123 Milano - Italia
Prima edizione: ottobre 2013

MISTO
Carta da fonti gestite in maniera responsabile
FSC® C016973

Ristampa	Anno
5 4 3 2 1 0	2019 2018 2017 2016

Stampato in Cina

DOG DECODER

David Alderton

COME INTERPRETARE IL LINGUAGGIO SEGRETO DEI CANI

De Vecchi

Indice

Introduzione 6

A casa con il cane 8
Le attività quotidiane

Si riposa 10
Dorme 12
Si gratta 14
Beve 16
Elemosina 18
Ruba il cibo 20
Cerca attenzioni 22
Si rotola 24
È eccitato 26
Salta 28
Parla 30
Gioca 32
Saluta 34
Con i visitatori 36
Con gli estranei 38

Imparare la lingua 40
Come comunicare con il tuo cane

L'origine dei cani 42
Come funziona il branco 44
Come un lupo 46
Leggere i segnali 48
Interpretare le orecchie 50
Interpretare la coda 52
La lingua 54
L'attrazione canina 56
Il comportamento intimo 58
La riproduzione 60
Se il cane si ammala 62
Il veterinario 64
Il cane anziano 66
L'importanza dell'addestramento 68
L'agility 70
Il comportamento in viaggio 72

Giovane dentro 74
Capire il tuo cucciolo

La vita nella cucciolata 76
Cuccioli appena nati 78
I cuccioli crescono 80
I cuccioli giocano 82
Lasciare la cucciolata 84
Il mondo esterno 86
Nervosismo 88
Placare le paure 90
Interazione con i cani più anziani 92
Giocattoli per cuccioli 94
Masticare 96
Prova di forza 98
Il *tail-chasing* 100

In giro 102
Come si comporta all'aperto

Identificare gli odori 104
Marcare il territorio 106
Lasciare un marchio 108
Incontrare altri cani 110
Aggressività 112
Incontri ostili 114
Combattere 116
In strada 118
In campagna 120
Animali d'allevamento 122
Cani e altri animali 124
Scavare 126
Strane amicizie 128
Cani smarriti 130

Abilità speciali 132

Tutti i tipi di cani e i loro attributi

Differenze fra razze 134
Razze specializzate 136
Cani da compagnia 138
Cani di assistenza 140
Cani da guardia 142
Cani da pastore 144
Terrier 146
Cani da ferma 148
Cani da riporto 150
Levrieri 152
Cani da pista 154
Ricerca e soccorso 156
Cani da slitta 158
Cani d'acqua 160
Cani dell'esercito 162
Cani antidroga 164
Cani antitumore 166

Glossario 168
Letture consigliate 172
Indice analitico 174
Referenze iconografiche 176

Introduzione

Molti padroni si rammaricano del fatto che i loro cani non possano parlare, ma se osservi con maggiore attenzione la relazione che intercorre tra te e il tuo animale domestico ti accorgerai ben presto di come in realtà siate impegnati in una conversazione continua.

Definiamo il rapporto

Avendo sviluppato notevoli abilità linguistiche, la nostra specie fa grande affidamento sulla comunicazione verbale, ma in questo modo abbiamo impoverito la nostra capacità di comunicare in altri modi, più sottili. Per acquisire informazioni, ci fidiamo quasi esclusivamente della nostra capacità d'osservazione; i cani domestici, al contrario, hanno una visione più equilibrata e ampia del mondo che li circonda. Proprio come il loro antenato, il lupo grigio, e come tutti i canidi selvatici, sono in grado di ricreare, grazie al loro sviluppatissimo olfatto, una mappa olfattiva aggiornata dell'ambiente che li circonda nello stesso momento in cui comunicano tra loro.

Le doti olfattive dei cani sono molto superiori alle nostre e anche il loro udito è migliore. Di conseguenza sono meno dipendenti dalla vista e infatti un cane anziano, se diventa cieco, di solito riesce a cavarsela piuttosto bene, molto meglio di quanto potrebbe fare un essere umano nelle stesse condizioni. I cani hanno anche dei "peli" sensoriali specializzati, resistenti e allungati a mo' di baffi sopra gli occhi, ai lati della testa e sul mento che li aiutano a orientarsi nei luoghi stretti.

Il legame che si è sviluppato tra cane e uomo è unico in tutto il regno animale ed è facile capire come si sia originato, a beneficio di entrambi. In passato i cani hanno aiutato le persone in molti modi e ancora oggi continuano ad arricchire le nostre vite. Il loro rapporto con le persone si è evoluto a un livello tale che, ora, possono persino essere addestrati per scopi medici, per fiutare tumori potenzialmente letali e salvare vite umane.

Cani come questo giovane Border collie sono molto apprezzati come compagni di lavoro per le loro abilità specializzate.

I Cavalier King Charles spaniel sono una delle razze oggi più popolari.

Natura individuale

I cani sono molto abili nell'attirare la nostra attenzione in una diversità di modi, a partire dal loro aspetto. Molte razze, soprattutto le più piccole, sono molto carine e ci attraggono immediatamente. Ogni cane ha una propria personalità – anche quelli di razza – e questa unicità del carattere li rende ancora più attraenti come compagni di vita, indipendentemente dal loro aspetto.

Gli Yorkshire terrier hanno un passato di duro lavoro, ma ora sono solo animali da compagnia.

Le razze

Una delle caratteristiche più sorprendenti del cane domestico odierno è la diversità di taglie e forme che esistono – tralasciando altre caratteristiche, come la lunghezza e il colore del mantello –, con circa 400 razze diverse sparse per il mondo. Una parte di queste sono ancora allevate per scopi lavorativi, come pascolare il gregge, trovare tartufi o semplicemente fungere da guardiani.

I modi in cui comunicano potrebbero sembrarci simili – perché tutti abbaiano, o grattano con la zampa – ma in molti casi si può identificare un comportamento specifico di una razza, legato al suo passato e che tende a riflettere l'ambiente in cui la razza è stata originariamente creata e lo scopo per il quale è nata. Ma l'aspetto di una razza non è statico e alcune hanno subito cambiamenti piuttosto marcati negli anni.

Un dialogo non scritto

Osservando il comportamento del tuo cane, sarai in grado di capire buona parte di quello che sta pensando, provando e persino pensando di fare. Un cane sarà poi in grado di indicarti quando vuole uscire, giocare, o se sta male. Se sarai in grado di capirlo quando ti "parla", il vostro rapporto non potrà che crescere e darti maggiori soddisfazioni.

Il Bulldog inglese è una razza molto particolare, caratterizzata dalla sua testa ampia e massiccia.

Beve

Salta

Saluta

Si rotola

È eccitato

Si riposa

A casa con il cane

Le attività quotidiane

Si gratta

Elemosina

Cerca attenzioni

Parla

Con i visitatori

Gioca

Ruba il cibo

Dorme

Con gli estranei

Si riposa

È normale che un cane adulto si riposi (ma non necessariamente dorma) per lunghi tratti del giorno, pur se una certa influenza in tal senso l'avranno anche le tue abitudini domestiche. I cuccioli, invece, correranno di qua e di là e giocheranno con tutte le loro energie, per poi fermarsi all'improvviso e cadere addormentati quasi all'istante.

La routine mattutina

Di mattina il tuo cane sarà molto attivo, ben sveglio e impaziente di fare una passeggiata, oltre che di far colazione. Dopo l'esercizio fisico e il pasto sarà però nuovamente assonnato e si calmerà per un po'. Dovresti sempre dargli da mangiare prima di un riposino, piuttosto che prima di portarlo fuori a correre, altrimenti sarà vulnerabile alla torsione dello stomaco (o gastrica), una condizione potenzialmente letale nella quale lo stomaco si attorciglia.

Dove si riposa Un cane può riposarsi in una varietà di posti, a volte sdraiandosi semplicemente ai tuoi piedi se sei seduto, come questo Yorkshire terrier, anche se difficilmente dormirà profondamente lì. Per questo scopo, preferirà cercare un tappeto o un divano.

Sempre all'erta
Quando si riposa il tuo cane rimane visibilmente sveglio, osserva quello che succede ed è pronto a captare ogni odore o suono che attiri la sua attenzione e a seguirti se ti sposti altrove.

Una posizione d'attesa

Se il tuo cane, mentre riposa, individua qualcosa che potrebbe interessarlo, probabilmente si metterà seduto a osservare la situazione prima di decidere cosa fare. Oppure potrebbe alzarsi subito di scatto e spostarsi da un'altra parte. La posizione di riposo è anche una di paziente attesa, dato che il cane aspetta che succeda qualcosa: molti cani non amano stare seduti per tanto tempo, ma resteranno sdraiati in questo modo per lunghi periodi.

Orecchie Questo Schnauzer nano sta seguendo gli avvenimenti con lo sguardo; anche la posizione delle orecchie indica che è attento, ma non preoccupato: sono leggermente alzate e tenute scostate dalla testa.

Pronto all'azione Un cane a riposo tenderà a sdraiarsi in questo modo, con le zampe anteriori allungate, così da potersi rimettere in piedi molto velocemente. In questa fase, però, sta ancora decidendo se rimanere a guardare o partecipare a ciò che sta avvenendo.

ATTENZIONE

Se il tuo cane inizia a dormire più del solito e perde interesse per il cibo, potrebbe avere qualche malattia: portalo dal veterinario.

Un tratto ereditato

Questo modo di riposarsi è comunemente osservabile anche nei cani selvatici e nei lupi grigi. Nei loro habitat naturali, i cani selvatici trascorrono buona parte del tempo sdraiati, senza dormire ma restando pronti a cogliere opportunità di caccia promettenti o possibili pericoli. Rimanere sdraiati dà loro anche un altro vantaggio: contribuisce a mascherare la loro presenza in un'area perché li rende meno evidenti. Non succede solo nelle zone erbose, ma anche in terreni aperti e sabbiosi, nei quali si mimetizzano grazie al loro colore.

Dorme

Una delle caratteristiche dei cani domestici è che dormono per periodi relativamente lunghi, non soltanto di notte ma anche durante il giorno. È un comportamento che riflette quello dei loro antenati selvatici.

La preparazione della cuccia

I cani domestici dormono proprio come i lupi e anche se utilizzano un tappetino compiranno comunque il tipico giro su se stessi prima di mettersi a dormire; all'aperto, ciò servirebbe a schiacciare le piante, rendendo il terreno più confortevole. Accucciandosi tra la vegetazione quando possibile, senza restare allo scoperto, i cani selvatici e i lupi possono restare nascosti mentre dormono e sono incapaci di difendersi.

Perché dormono così tanto?

Come altri predatori, i cani selvatici dormono per buona parte del giorno. Ciò potrebbe essere legato alle loro abitudini alimentari. Al contrario degli erbivori – che nutrendosi di piante a bassi valori nutrizionali devono mangiare per buona parte del giorno per ottenere sufficienti sostanze nutritive – i cani beneficiano di una dieta più ricca, basata sulla carne, che soddisfa il loro fabbisogno energetico in maniera più efficiente. Di conseguenza, possono dormire a lungo quando non stanno cacciando. Una volta mangiato, dopo lo sforzo fatto per cacciare e sopraffare la loro preda, si rimettono a dormire. Questo comportamento è imitato dai cani domestici, che di ritorno da una passeggiata mangiano e subito dopo si addormentano.

Ben raggomitolati I lupi dormono in questa posizione per favorire la conservazione del calore corporeo e per evitare che la neve soffi loro in faccia. I cani domestici amano ancora dormire nello stesso modo.

Le abitudini legate al sonno

I cani domestici si abituano presto a dormire in determinati orari del giorno, anche se possono essere influenzati in parte dal meteo e dalla stagione; quando il tempo è brutto, per esempio, possono mostrarsi meno interessati a uscire e quindi dormire di più. Ma se proponi al tuo cane, per quanto inaspettatamente, di fare una passeggiata, scatterà subito in piedi, voglioso di uscire. Anche l'età è un fattore determinante, dato che i cani tendono a dormire più a lungo col passare degli anni.

Lascialo dormire Non è una buona idea svegliare un cane che dorme toccandolo all'improvviso, perché potrebbe reagire in maniera aggressiva. Di solito basta chiamarlo perché si svegli velocemente.

Sonno confortevole I cani spesso si stiracchiano mentre dormono e un grosso cuscino potrebbe essere più confortevole di un lettino rigido.

I sogni

I cani iniziano a dormire raggomitolati, ma poi spesso si allungano dai lati, soprattutto se si trovano al chiuso, al caldo. Capita relativamente spesso che un cane mostri segni di star sognando: potrebbe iniziare a contrarre i muscoli e persino mimare una serie di movimenti di corsa con le zampe. Questi movimenti non si verificano ogni volta che un cane si addormenta, ma sono un indicatore che è entrato nella cosiddetta fase REM, una modalità di sonno che è molto simile all'essere svegli, nella quale gli occhi, sebbene chiusi, si muovono; pare sia la fase nella quale hanno luogo i sogni.

Russare Alcuni tipi di cane, come questo Mastiff, sono più portati a russare rispetto ad altri.

Si gratta

Un cane può grattarsi in una grande varietà di modi e con scopi diversi, per esempio come parte del processo di toelettatura, e può utilizzare i suoi artigli in maniera simile anche su altri oggetti che lo circondano.

Pulci

Una delle cause più comuni che spingono un cane a grattarsi è la presenza nel mantello di pulci, animali particolarmente diffusi nei mesi più caldi dell'anno. Non è la pulce in sé a causare il prurito, ma piuttosto il modo in cui essa si alimenta. Questi parassiti si nutrono del sangue dell'organismo che le ospita, usando il loro affilato apparato boccale per penetrare la pelle e iniettare una piccola quantità della loro saliva nel tessuto. È la saliva a causare l'irritazione e a spingere il cane a grattarsi furiosamente, arrivando a volte persino a ferirsi. Questo tipo di reazione è particolarmente probabile se il cane ha sviluppato un'allergia a questa saliva.

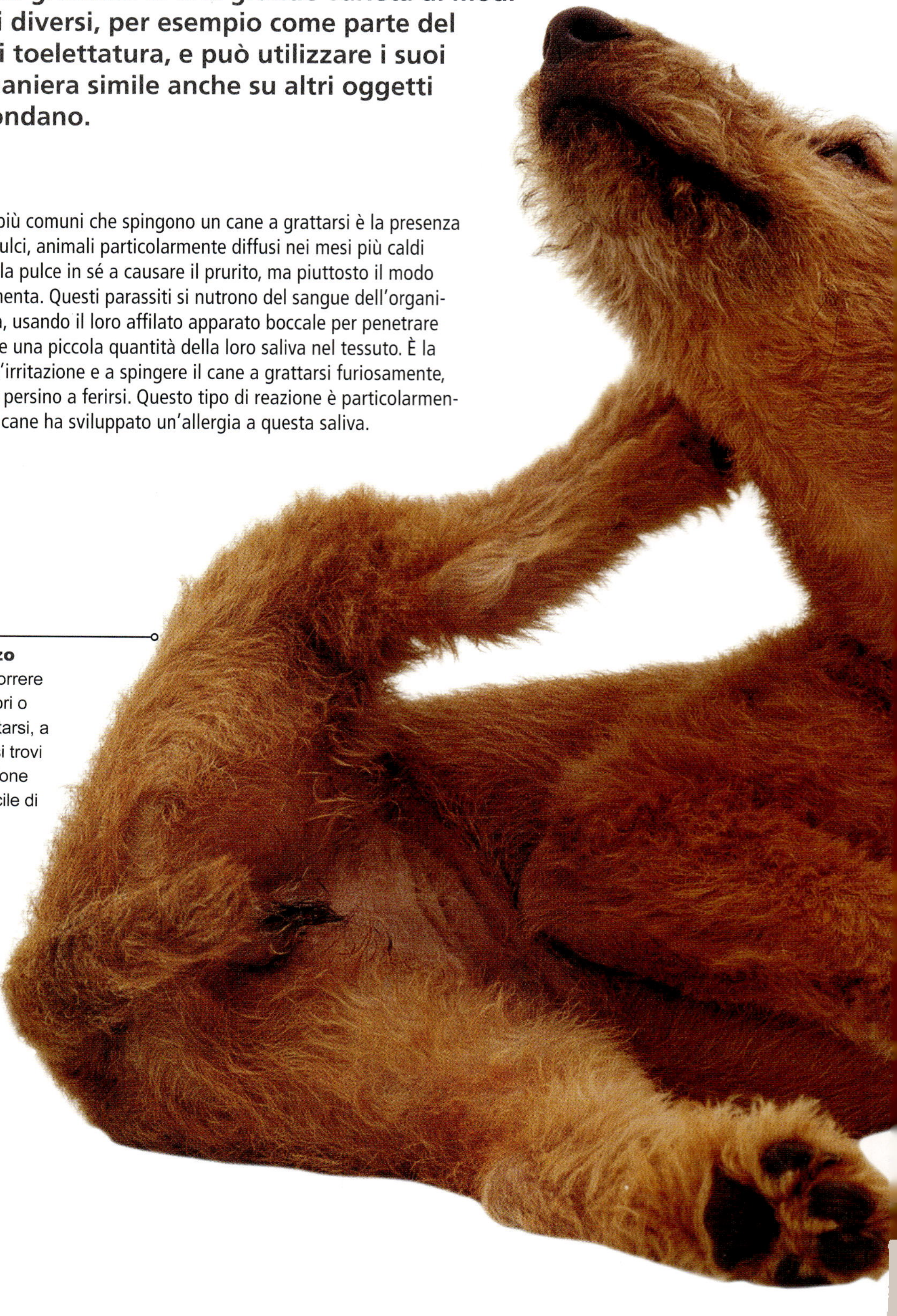

Con ogni mezzo
I cani possono ricorrere alle zampe anteriori o posteriori per grattarsi, a seconda di dove si trovi la fonte dell'irritazione e del modo più facile di raggiungerla.

Altre cause di prurito

Tutti i cani si grattano di tanto in tanto, ma un'attività frequente potrebbe indicare un problema di salute latente. Le pulci non sono la sola causa possibile: intolleranze alimentari e allergie possono provocare sintomi simili, mentre un cane che sta soffrendo di una forte irritazione alla pelle non si limiterà a grattarsi, ma probabilmente si mordicchierà intensamente il mantello. E se un cane viene sorpreso a fare qualcosa di sbagliato, potrebbe anche iniziare a grattarsi come tattica diversiva.

Scavatori I terrier sono stati allevati per stanare piccoli animali.

Grattare e scavare

Tutti i cani – soprattutto i maschi – gratteranno, o "graffieranno", deliberatamente il terreno dopo l'urinazione. Il cane sposterà il peso sulle zampe anteriori e gratterà a turno con quelle posteriori, con sufficiente forza da sdradicare l'erba: le sue ghiandole sudorifere sono situate tra le dita e così grazie a questi movimenti deposita il suo odore personale, marcando il territorio.

I terrier, in particolare, useranno gli artigli non solo per graffiare la superficie ma anche per scavare il terreno, per esempio quando individuano la tana di un topo o una volpe, mentre altri cani potrebbero scavare per sotterrare un osso o qualcos'altro da mangiare. È una cosa che fanno i cani selvatici per nascondere, o "stipare", i resti di un pasto al sicuro da altri "animali spazzini" per poterli consumare successivamente.

Infezione all'orecchio Se il tuo cane si gratta ripetutamente e a lungo le orecchie, rivolgiti subito a un veterinario. Questo comportamento è indice di infezione, che può avere serie conseguenze se ignorata, causando danni permanenti e persino sordità.

È normale che si gratti I cani utilizzeranno i loro artigli per grattarsi piuttosto regolarmente. Fa parte del loro processo di toelettatura e li aiuta a trovare sollievo dal prurito alla pelle e a sbrogliare eventuali grovigli di pelo che possono formarsi nel loro mantello.

Mai troppo giovani Anche i cuccioli, come questo Beagle, possono avere le pulci.

Beve

La quantità d'acqua che un cane beve è influenzata da vari fattori, tra cui l'intensità della sua attività fisica e la temperatura esterna. Anche la sua dieta ha un ruolo, semplicemente perché il cibo secco – come suggerisce lo stesso nome – contiene molta meno acqua di quello fresco o in scatola.

FERMARSI A BERE

Durante una passeggiata, specie in una giornata calda, i cani tendono a fermarsi con frequenza per bere da pozzanghere o corsi d'acqua più grandi, come i fiumi. Se possibile, porta con te dell'acqua per evitare il rischio che il tuo cane ingerisca alghe o altri inquinanti.

Rilevamento del cloro

Non scoraggiarti se il tuo cane, nonostante i tentativi di fornirgli una riserva d'acqua sempre fresca e pulita, continua a bere altrove a ogni opportunità, ma anzi è importante che continui a dargli acqua fresca tutti i giorni. Quando un cane vuol bere dalla sua ciotola dell'acqua, lo farà, mentre non è chiaro il perché a volte preferisca bere altrove. È possibile che i composti a base di cloro aggiunti all'acqua del rubinetto per renderla potabile siano sgraditi ai cani, con il loro sviluppatissimo senso dell'olfatto. Quando l'acqua non viene cambiata per diversi giorni, infatti, il gas del cloro esce dalla soluzione e può essere seriamente irritante per la respirazione. È probabile quindi che i cani siano in grado di avvertire questo gas mentre bevono e ne siano infastiditi.

Bere dal gabinetto

Un'avversione per i prodotti chimici nocivi potrebbe non essere sufficiente a trattenere i cani più grandi dal bere l'acqua del gabinetto, che potrebbe contenere prodotti molto pericolosi come la candeggina. Quest'abitudine, oltretutto estremamente antigienica, spesso ha inizio da cuccioli e deve essere prevenuta. La soluzione è semplice: non fare entrare il cane in bagno e tieni abbassato il coperchio del gabinetto.

Un'abitudine pericolosa
Bere dal gabinetto può far ammalare seriamente il tuo cane. Tieni sempre abbassato il coperchio!

Pericolo alghe

Non è detto che l'acqua proveniente da fonti "naturali" sia necessariamente sicura, soprattutto quando fa caldo e sono presenti alghe, che hanno dato all'acqua un colore verdastro. Alcune sono tossiche per il cane e possono ucciderlo nel giro di ore se non viene curato, e purtroppo i cani non sembrano in grado di riconoscere questo pericolo. Improvvisa salivazione eccessiva e gengive pallide sono sintomi che devono essere presi seriamente, anche se l'acqua nei dintorni non sembrava strana. Se noti questi sintomi nei pressi di corsi d'acqua consulta subito il tuo veterinario.

Acqua pulita sempre con te

Quando esci per una passeggiata col tuo cane, porta sempre con te una bottiglia d'acqua e una ciotola, in modo che possa avere la possibilità di bere quando è assetato. Si trovano contenitori da viaggio ben progettati e comodi per queste circostanze. Potresti anche comprare dell'acqua che contenga elettroliti, in grado di mantenere il naturale equilibrio di sostanze chimiche nel corpo del tuo cane durante o in seguito a una sessione d'esercizio.

A casa, molti padroni danno ai loro cani acqua filtrata, pensando che sia preferibile alla normale acqua di rubinetto. Possono essere usati anche i filtri per esseri umani, ma volendo c'è almeno un grande produttore di articoli per animali che vende un sistema combinato filtro-ciotola specifico per cani. Tuttavia, ricordati che le preferenze di un cane sul bere si determinano nei primi anni di vita: se gli offri sempre acqua filtrata, in futuro potrebbe rifiutarsi di bere acqua del rubinetto.

Soltanto acqua

Alcuni padroni preferiscono dare al proprio cane anche del latte da bere, ma non tutti i cani possiedono la lattasi, enzima necessario per scomporre lo zucchero presente nel latte, il lattosio. In questo caso il cane non digerisce il latte che fermenta nella pancia; il risultato sarà probabilmente un aumento della flatulenza, spiacevole per cane e padrone. I cani sottoposti a una dieta bilanciata non hanno bisogno di latte, ma solo d'acqua.

CONSIGLIO

- *Per i cani è più facile bere da una ciotola relativamente ampia.*

Non gli piace?
Nonostante sia potabile, molti cani non amano il sapore dell'acqua del rubinetto e preferiscono altre fonti.

Quando fa caldo
Tutte le razze canine ansimano per tenersi fresche quando fa caldo e così facendo si disidratano. Ecco perché i cani hanno bisogno di bere di più nei mesi estivi.

ATTENZIONE

Batteri nocivi possono moltiplicarsi rapidamente nella ciotola dell'acqua di un cane, soprattutto se contiene residui di cibo. Lavala regolarmente.

Elemosina

Anche se ci piace credere che siamo noi a educare i cani, la realtà è diversa. Infatti sono i cani ad avere la capacità di influenzare, con il loro comportamento, le nostre azioni, cosa particolarmente evidente quando chiedono la pappa: hanno sviluppato una serie di tattiche per attirare la nostra attenzione.

Mantieni il comando Non permettere che i tuoi pasti siano disturbati dal tuo cane e dai suoi sguardi languidi e non passargli in alcun caso dei bocconi da sotto il tavolo.

L'ora della pappa

Essendo animali abitudinari, i cani sanno istintivamente quando è ora di mangiare, proprio come sanno quando è il momento di uscire. Non hanno bisogno di alcun orologio e se sei in ritardo te lo faranno notare! All'inizio, un cane affamato diventerà vistosamente irrequieto e, se ignorato, probabilmente comincerà a darti colpetti gentili con la zampa, un'abitudine comune nelle razze più grandi. Cani più piccoli potrebbero diventare più vivaci e iniziare ad abbaiare concitatamente e ripetutamente.

Rischi di ipernutrizione Il tuo cane potrebbe cercare di convincerti che è ancora affamato, anche se per quel giorno ha ricevuto la razione che gli spetta. Alcune razze, come i Golden retriever, sono per natura più golose di altre e di conseguenza corrono un rischio maggiore di diventare obese.

Metodi di comunicazione

Il modo in cui un cane comunicherà di essere affamato dipende prevalentemente dalla sua taglia. Un cane grande, come un Golden retriever, sarà capace di portarti la sua ciotola, mentre razze più piccole tenderanno a diventare più irrequiete e magari a saltarti in grembo, senza calmarsi una volta là. E quando ti alzi balzeranno giù e correranno in direzione della ciotola per farti capire cosa vogliono.

Ricorso ai vocalizzi

I cani capiscono presto cosa devono fare per spingerti a guardare nella loro direzione, qualsiasi cosa vogliano. Mentre un cane di stazza media può limitarsi a toccarti con la zampa quando sei seduto, per gli esemplari più piccoli può essere più difficile attirare la tua attenzione, cosa che contribuisce a spiegare perché le razze più piccole tendano ad abbaiare più delle grandi. È un modo efficace – seppur irritante – per attirare la tua attenzione.

Attirare l'attenzione I Jack Russell terrier hanno una forma del corpo compatta e sono bravissimi a mantenersi in posizione verticale. Una volta scoperto che elemosinando in questo modo attirano le lodi e l'attenzione del proprietario, torneranno a farlo.

Premio o elemosina? Il Jack Russell terrier è un buon esempio di una razza difficile da addestrare e che richiede un uso massiccio di incoraggiamenti e premi. Ricompensa solo il buon comportamento, però, non l'elemosinare.

ATTENZIONE

Non prendere l'abitudine di dare bocconcini premio al tuo cane quando elemosina, altrimenti diventerà presto sovrappeso.

Il rinforzo

L'"elemosinare" è un comportamento acquisito, piuttosto che innato, e infatti non tutti i cani della stessa razza agiscono allo stesso modo. Questa "capacità" è acquisita nelle prime fasi di vita e se accontenti il tuo cane in ogni sua richiesta diventa presto abitudine: la tua risposta rinforza il suo comportamento.

Ruba il cibo

Per quanto irritante, prima o poi tutti i cani rubano del cibo, soprattutto se non c'è nessuno in giro in quel momento! Cerca quindi di tenere ogni prodotto commestibile fuori dalla portata del tuo cane, per non indurlo in tentazione.

Bottino preferito I cani amano rubare pezzi di carne o, in questo caso, salsiccia.

Delizie proibite

Di solito non è la fame a spingere un cane a rubare qualcosa da mangiare, ma probabilmente il semplice fatto che il cibo che gli è vietato è più attraente, pur non essendo sano quanto l'attenta dieta che gli offri normalmente. A tentarlo sono soprattutto la carne e gli alimenti a base di carne, mentre delle mele, per esempio, verrebbero probabilmente ignorate.

Origini ancestrali

I lupi grigi tendono a essere opportunistici nelle loro abitudini alimentari per sopravvivere: se non trovano una grossa preda, si sosterranno con quelle piccole, come i roditori. Proprio per questo, un membro subordinato potrebbe sottrarre il cibo a uno più dominante che ha smesso di mangiare e si è allontanato. I cani domestici hanno mantenuto questo istinto che li spinge a consumare velocemente il cibo che hanno trovato, prima di essere scoperti ed esserne privati.

ATTENZIONE

Se un cane ha imparato a rubare è probabile che lo rifarà, per cui se ha saccheggiato un armadietto una volta, meglio dotarlo di chiavistello.

Difficile da mandar giù Non è solo il cibo a essere a rischio: altri oggetti "commestibili", come i giocattoli da masticare e non, potrebbero essere rubati se ne se presenta l'occasione. Quando un oggetto è troppo grande per essere facilmente inghiottito, un cane si limiterà a portarlo via, come sta facendo questo Bassotto a pelo lungo.

Cattive abitudini

Se un cane è abituato a ricevere continuamente spuntini, piuttosto che pasti a orari regolari, è più probabile che rubi del cibo perché è abituato a mangiare per tutto il giorno. Potrebbe prendere da mangiare direttamente dalla tavola o persino imparare a saltare su una sedia vicina.

Cibi pericolosi Evita di lasciare cibo su tavolini bassi, dove anche razze piccole come questo Jack Russell terrier possono arrivare. Per i cani è particolarmente rischioso mangiare cioccolato in qualsiasi forma (barrette o biscotti): per loro è tossico.

CONSIGLIO

- *Alcuni cibi umani, cioccolato incluso, sono pericolosi per i cani: il miglior consiglio è quello di tenere tutti i vostri alimenti sempre fuori portata.*

Agire furtivamente

Rubato il cibo, è probabile che il tuo cane vada subito a nascondersi portandolo con sé, invece di rimanere sulla scena del crimine. Si ritirerà in un punto in cui è relativamente ben nascosto alla tua vista, forse dietro una sedia o in un'altra stanza. In perfetto stile canino, procederà quindi a ingoiare il più rapidamente possibile il cibo, soprattutto se è stato capace di prenderlo tutto. Se no, è probabile che rimanga più vicino alla fonte dello stesso, sperando di avere l'opportunità di tornare e prenderne ancora.

Segni di rimorso

Se colto nell'atto di rubare – e soprattutto di mangiare – del cibo, il cane cercherà di calmarti, specialmente se rimproverato per il suo comportamento. Abbasserà le orecchie e la coda, muovendola da un lato all'altro in una dimostrazione di rimorso. Se dovessi scoprire il fatto solo molto dopo, però, quando il cane avrà avuto l'opportunità di mangiare il cibo rubato, allora non reagirà in questo modo, essendosi già dimenticato dell'accaduto.

Cerca attenzioni

I cani amano interagire con i loro padroni e cercheranno spesso di coinvolgerti, saltandoti addosso per essere accarezzati, per esempio. Imparano ben presto, attraverso l'osservazione e l'esperienza, quali siano i modi migliori per attirare e mantenere la tua attenzione.

Un bisogno disperato

Se il tuo cane è all'esterno o in un'altra parte della casa e non può raggiungerti, cercherà con tutta probabilità di attirare la tua attenzione abbaiando. Di solito si tratta di un paio di abbai in rapida successione, in contrapposizione all'abbaiare più intenso e prolungato che potrebbe indicare l'avvicinarsi di uno sconosciuto o agli abbai brevi e ripetuti che indicano eccitazione. Oltre a ciò, comunque, il cane potrebbe grattare la porta con gli artigli, cercando di aprirla, e potrebbe anche graffiare il tappeto o il parquet nei pressi, se presenti. Per evitare queste sgradite eventualità, cerca di non lasciare chiuso il tuo cane in un'altra stanza.

Strategie diverse

I cani più piccoli si trovano svantaggiati in termini di altezza quando cercano di attirare la tua attenzione, ma di solito riescono comunque a saltarti addosso, soprattutto se sei seduto, magari distraendoti da quello che stavi facendo. Un'altra tecnica alla quale ricorrono spesso è quella di cominciare a guaire. Si tratta di un richiamo molto differente e più sommesso di un abbaio ma inconfondibile a breve distanza, e sarà emesso ripetutamente. È un indicatore di frustrazione e ricerca d'attenzione.

In piedi Questo piccolo terrier sta facendo del suo meglio per attirare l'attenzione del padrone alzandosi sulle zampe posteriori, ma potrebbe ricorrere anche ad altri metodi pur di farcela.

A casa da solo

Se un cane viene lasciato da solo e senza attenzioni per tanto tempo potrebbe iniziare ad abbaiare con insistenza. È un problema che si verifica in particolare con i cani adottati e che può essere ignoto ai nuovi padroni, almeno finché i vicini non iniziano a lamentarsi del rumore. Si tratta di un problema di fiducia: convincere il nuovo cane che non sarà abbandonato. Far esercitare il cane prima di uscire, in modo che sia stanco e si metta a dormire, potrebbe essere d'aiuto, così come variare la lunghezza della tua assenza, uscendo a volte solo per brevi periodi.

Aprire le porte

I cani possono impiegare una varietà di metodi per attirare la tua attenzione. Osservano come ti comporti e cercano di seguire il tuo esempio. Per esempio, alcuni cani di grande taglia potrebbero riuscire a imparare ad aprire le porte interne abbassando la maniglia. Più comunemente, però, un cane userà una delle zampe anteriori insieme al naso per uscire da una stanza e raggiungerti in un altro punto della casa. Nel caso in cui la porta sia leggermente socchiusa, utilizzerà prima una delle zampe anteriori in basso per spingerla dolcemente e userà poi il naso, più in alto, per aprire la porta e scivolare attraverso l'apertura. Quindi correrà a cercarti. Non tutti i cani, però, imparano questo metodo per aprire le porte, e questo comportamento non è riscontrato nei cuccioli, che potrebbero non essere abbastanza forti.

Zampe tuttofare Alcuni cani sono capaci di usare le zampe come fossero mani per aprire le porte, ma anche per grattare oggetti e mobili per attirare l'attenzione e cercare di raggiungerti.

Maestri della fuga I cani più alti hanno un notevole vantaggio nell'aprire le porte, così come quelli con musi relativamente lunghi e sottili, come questo incrocio di spaniel.

Si rotola

Il corpo di un cane non è flessibile quanto quello di un gatto se guardiamo alla sua struttura anatomica, ma i cani rimangono comunque piuttosto atletici, capaci non solo di correre e saltare ma anche di raggomitolarsi e rotolarsi.

Perché si rotola?

Così come per altri aspetti del linguaggio del corpo di un cane, non c'è una sola spiegazione del perché un cane si rotoli a terra. Per capire questo comportamento va considerato il contesto. I cuccioli adottano spesso questa postura quando stanno giocando alla lotta con i loro fratellini. Nei rapporti tra cani, questa posizione è segno di sottomissione, dato che lascia sguarnita ed esposta l'area della gola. Tuttavia, se il cane adotta questa postura con il suo padrone, assume un altro significato: diventa un segnale di fiducia, con il cane che chiede di essere accarezzato sulla pancia. I cuccioli imparano fin da piccoli che adottando questa postura hanno più possibilità di ricevere attenzioni.

ATTENZIONE

Se individui dei grumi sospetti sulla pancia del tuo cane, consulta un veterinario: le cagne possono soffrire di tumori mammali.

Posa giocosa Questo Labrador retriever sta sdraiato sulla schiena, muovendo le zampe anteriori verso il padrone, in cerca d'affetto.

Stiracchiarsi Questo Cocker Spaniel, dopo essersi svegliato, si sta rotolando per stiracchiarsi.

Una posizione rilassata

Una delle ragioni che spingono un cane a mettersi "a pancia all'aria" è per abbassare la sua temperatura corporea. Quando va a dormire, all'inizio di solito si acciambella, con la testa che tocca la coda: questo comportamento non si riscontra solo nei cani domestici, ma anche nei selvatici. Man mano che si riscalda, però, inizia ad allungarsi, permettendo al calore immagazzinato nei pressi del suo corpo di dissolversi, e alla fine potrebbe girarsi sulla schiena, soprattutto se è particolarmente comodo.

La capriola del risveglio

Quando un cane si sveglia, anche se non ha dormito sulla schiena, potrebbe scegliere di rotolarsi. In questo modo, infatti, flette i lunghi muscoli della schiena, proprio come una persona che si stiracchia dopo essersi alzato. Questo comportamento è meno comune nei cani anziani, che tendono ad allungarsi dai lati mentre dormono: i loro corpi sono meno flessibili ed è meno probabile che si girino sulla schiena.

Un'abitudine spiacevole
Spesso, cani come questo Pastore del Bernese si rotolano negli escrementi, forse per prendere l'odore di un altro animale.

Coprire gli odori

A volte un cane si rotola a terra per una ragione meno piacevole, che è quella di coprirsi degli escrementi di un altro animale, per esempio una mucca, una pecora o una volpe, cosa che si verifica più di frequente dopo che è stato lavato. La ragione non è chiara, ma si pensa che sia legata al rango sociale del cane. I cani selvatici a volte si rotolano negli escrementi degli erbivori, forse per mascherare il loro odore e potersi così avvicinare di più alla preda. Se dovesse succederti con il tuo cane, dopo averlo lavato evita, per un paio di settimane, di portarlo in un'area in cui possa facilmente tornare a sporcarsi. Altrimenti, quasi inevitabilmente, alla prima opportunità cercherà di imbrattarsi di nuovo il pelo.

È eccitato

I cani sono compagni entusiasti per natura, sempre desiderosi di uscire per una passeggiata o di partecipare a un gioco. È un elemento da ricordarsi nell'addestramento, perché, essendo ansiosi di accontentarti, reagiranno meglio agli stimoli positivi.

Come esprimono l'eccitazione

Alcuni cani mostrano la loro eccitazione in maniera più evidente di altri, ma questo dipende anche dal loro aspetto fisico: razze relativamente atletiche sono avvantaggiate in tal senso rispetto a quelle dall'aspetto più corpulento, come i Carlini. I cuccioli in particolare si eccitano facilmente e potrebbe essere necessario farli calmare. È una cosa che succede spessissimo quando stai per portar fuori il cane per una passeggiata, e inizia a saltarti addosso prima che tu possa mettergli il guinzaglio. In questo modo non solo il processo diventa complicato, ma rischi anche di cadere. È molto importante essere risoluti con un cucciolo che si comporta in questo modo perché – soprattutto se appartiene a una razza di taglia grande – il problema non può che ingigantirsi! Allo stesso modo, assicurati che il cane non tiri al guinzaglio e che sia tu ad avere il controllo.

Abbaiare eccitato Un cane può mostrare la sua eccitazione abbaiando ripetutamente in brevi raffiche. La particolare posizione delle orecchie (a seconda della razza) ti indicherà che il tuo cane è di umore esuberante.

In movimento Quando un cane eccitato corre, altri segnali d'eccitazione saranno meno evidenti. A seconda che stia portando o meno un oggetto, potrebbe abbaiare ripetutamente durante la corsa.

Ritorno alle origini Se sono eccitati, i cani possono regredire ai loro istinti di lavoro; per esempio, i Barboni potrebbero tuffarsi in uno specchio d'acqua vicino.

Gioco eccitante

All'aperto, il cane continuerà a divertirsi se lo farai correre e inseguire giocattoli, come nel gioco del riporto: è una grande opportunità per rinsaldare il vostro legame. Alcune razze, soprattutto i retriever, sono per istinto più inclini a comportarsi in questo modo, sebbene possa potenzialmente farlo qualsiasi cane. L'importante è addestrarlo fin da cucciolo: i cani adulti non imparano a giocare in questo modo con altrettanto entusiasmo. Una volta che un cane ha assimilato questo schema di comportamento, però, mostrerà sempre questo livello d'eccitazione ogni volta che ha l'opportunità di giocare così. I cani hanno un'ottima memoria e, soprattutto se ripeterai questo gioco con regolarità, nel giro di poco potrebbe essere il tuo cane a cercare di convincerti a giocare portandoti il giocattolo che utilizzate per l'occasione. Confronta le pagine 32-33 per altre informazioni sul gioco.

ATTENZIONE

È difficile che i cani si accorgano del pericolo quando sono eccitati. Per esempio, se inciampano mentre portano in bocca un bastone rischiano di ferirsi l'interno della bocca o un'altra parte del corpo.

Periodi di calma

Quando un cane è eccitato, è più difficile che risponda agli ordini, preferendo concentrarsi sul gioco piuttosto che sulle tue istruzioni. È quindi utile interrompere il gioco di tanto in tanto, in modo che il cane si possa calmare e concentrare su quello che stai dicendo. È importante perché, quando è eccitato, un cane potrebbe correre via con la palla o un giocattolo senza far tanto caso a quello che succede attorno a lui. C'è il rischio quindi che attraversi una strada o scivoli, per esempio. Anche se sei preoccupato, non metterti mai a inseguirlo: gli sembrerebbe un proseguimento del gioco e che – come membro del suo branco – tu stia correndo con lui. Non si fermerà. Se, invece, resti immobile e ti giri come se stessi andando nella direzione opposta, il cane sarà più restio ad allontanarsi da solo e dovrebbe calmarsi.

Vivaci per natura Se viene loro data l'opportunità, i cani più atletici di solito reagiscono all'eccitazione correndo e saltando.

Salta

Alcuni tipi di cani sono per natura più atletici di altri, come testimonia il loro aspetto. Esemplari relativamente magri e dalle gambe lunghe, come i Border collie, sono molto più bravi nel salto rispetto a cani robusti e dalle gambe corte come i Bulldog.

Timone Come un timone, la coda aiuta il Border Collie nei movimenti: all'inizio è tenuta in posizione orizzontale, poi viene alzata verticalmente quando salta in alto. La coda si trova in genere nel punto più alto quando il cane supera l'ostacolo e viene abbassata mentre scende.

In salita Il cane tiene le zampe anteriori piegate sotto il corpo dopo lo stacco ma poi, raggiunto l'apice del suo salto, le allunga in avanti.

Stacco Il collie allunga il corpo mentre inizia a staccarsi dal terreno, con una perfetta visuale di ciò che sta saltando. Ciò gli permette di giudicare la sua posizione ed evitare ogni rischio di collisione. In questa fase, le zampe anteriori sono piegate sotto il corpo.

Pronto a partire Zampe posteriori muscolose forniscono a questo Border collie la potenza propulsiva per acquisire slancio e sollevarsi dal terreno. Un cane salta come una molla, trasferendo il peso sulle zampe posteriori prima dello stacco.

Atterraggio morbido Mentre si riavvicina nuovamente al terreno, il cane si allunga per toccare terra prima con le zampe anteriori, che assorbono l'impatto iniziale, e poi con le posteriori. In questo modo è pronto a saltare ancora, se necessario.

Maestri della fuga

Vari motivi possono spingere i cani a scavalcare una recinzione, magari perché c'è del cibo nel giardino del vicino o perché individuano una potenziale preda, come un gatto. Un'altra ragione comune è la presenza di una cagna in calore nei dintorni (vedi le pagine 60-61). Essa emana, infatti, dei segnali chimici chiamati feromoni che sono portati dal vento e attirano tutti i cani maschi presenti nella zona. In alcune nazioni si ricorre ancora alla castrazione dei cani maschi per ridurre il loro desiderio di scappare, una pratica drastica non più incoraggiata in Italia.

Salti verticali

Alcuni cani sono per natura più atletici di altri, e i Jack Russell terrier in particolare sono molto abili nel salto. Il loro corpo compatto e le zampe posteriori molto muscolose permettono loro di saltare anche verticalmente senza difficoltà, per esempio nel prendere un frisbee o una palla lanciata in aria. È un riflesso del loro passato da compagni di caccia: con le loro corte zampe non potevano tenere il passo dei segugi mentre seguivano una traccia, per cui accompagnavano, invece, i cacciatori nel caso ci fosse bisogno di loro in seguito per stanare una volpe dal suo rifugio. Un esemplare doveva essere così agile da saltare da terra abbastanza in alto da poter essere afferrato e trasportato da un cavaliere senza che questi dovesse smontare da cavallo per prenderlo. Si sa di cani che hanno saltato fino a 1,73 metri, per cui se hai un giardino farai bene a installare una recinzione piuttosto alta per tenere il tuo animale al sicuro.

Piccolo ma elastico
I cani piccoli, come questo Jack Russell terrier, sono spesso saltatori molto agili e riescono a sollevarsi quasi verticalmente.

GARE DI AGILITY

Negli eventi di agility i cani competono lungo un percorso a ostacoli, incoraggiati dai loro padroni a scalare, saltare e zigzagare attraverso varie installazioni. Le gare sono aperte a tutti i tipi di cani e la taglia non è garanzia di successo.

Evitare rischi

I cani tendono a saltare soltanto quando vengono lasciati a se stessi in giardino, mentre durante una passeggiata di solito sono felici di seguirci attraverso i cancelli, invece di cercare di saltare siepi e recinti, semplicemente perché stanno seguendo l'esempio del padrone. Anche all'aperto, meglio non incoraggiare il tuo cane a saltare ostacoli, perché se poi prova a oltrepassare senza successo un recinto con il filo spinato potrebbe finire per ferirsi gravemente. Il problema è che i cani non sanno valutare i rischi d'infortunio in queste circostanze, anche se saranno meno propensi a saltare man mano che invecchiano.

Parla

I cani "parlano", comunicando umori e intenzioni con i loro vocalizzi, e sebbene l'abbaio sia il più comune, possiedono un vocabolario di suoni molto più complesso, che va dal mugolio quieto al guaito fino al ringhio. Anche i cuccioli possiedono una diversa e ben distinta varietà di richiami.

Guaito

Già poco dopo la nascita i cuccioli sono capaci di comunicare vocalmente guaendo. È un suono relativamente debole che non sarà percettibile a lunga distanza, ma la sua intensità è densa di significato. Un guaito frequente e ripetitivo indica che qualcosa non va: il cucciolo potrebbe avere freddo, per esempio, o fame, il che a sua volta potrebbe indicare un problema di salute. Alcuni cani continuano a guaire anche da adulti, dato che spesso si rivela un mezzo efficace per comunicare con i loro padroni.

Sbirciatina Quando guaisce, un cane spesso alza la testa, in parte per vedere se ha avuto successo nell'attirare la tua attenzione.

Ringhio

È un suono molto caratteristico che varia d'intensità, un avvertimento deciso al quale è bene prestare attenzione. Un cane che è molto possessivo per natura potrebbe ringhiare quando cerchi di sottrargli un oggetto o potrebbe farlo per minacciare un altro cane, come preludio a uno scontro.

Conversazione

Alcuni cani arrivano a coinvolgere il padrone in una vera e propria "conversazione" a breve distanza: un lungo mugolio che è più un'espressione d'eccitazione che di lamento, in un tono più monotono. Questo comportamento è una richiesta di attenzioni e spesso segue l'iniziale eccitazione per il tuo rientro a casa. In genere non dura molto, e il cane spesso si struscia contro di te per cercare attenzione, piuttosto che per avere da mangiare o per essere portato fuori. I cani più anziani, invece, si limitano a guaire.

Linguaggio della coda Quando abbaia da seduto, un cane potrebbe non far ricorso alla coda, ma se è in piedi rinforzerà il suo messaggio muovendola.

ATTENZIONE

Non farti ingannare dall'intensità di un abbaio: i cani di piccola taglia possono avere un tono più forte dei loro simili più grandi.

Razze diverse, abbai diversi

L'abbaio è il mezzo di comunicazione vocale più comune tra i cani e sebbene sia spesso un avvertimento non ha necessariamente un intento aggressivo. La frequenza e l'intermittenza dell'abbaio possono variare, e questo vocalizzo può essere legato all'eccitazione (vedi le pagine 26-27) o persino alla frustrazione, per esempio quando un cane vuole entrare in casa dopo che è rimasto fuori in giardino per un po'.

Alcune razze emettono vocalizzi caratteristici. Alcuni segugi, come il Bloodhound, hanno una forma d'abbaio molto particolare, il "latrato". È spesso udibile a lunghe distanze e permette ai membri di un branco di mantenersi in stretto contatto l'uno con l'altro, anche in una foresta dove potrebbero rimanere fuori dalla reciproca visuale. Un latrato indica anche che un esemplare ha trovato una traccia e sta seguendo una pista. Tuttavia, non è facile per gli essere umani distinguere tra le diverse varietà di abbaio delle razze. Anche il tono può essere ingannevole, semplicemente perché alcune piccole razze, come il Carlino, possono averne uno sorprendentemente profondo, che farebbe pensare a una razza molto più grande. Il Basenji è l'unica razza canina che non abbaia per nulla.

COME I LUPI

I cani da slitta si distinguono per i loro ululati, suoni più simili a quelli che potrebbe emettere un lupo piuttosto che un altro tipo di cane. Ciò riflette la stretta parentela e somiglianza d'aspetto tra queste razze da lavoro e i lupi grigi.

Testa all'indietro
Quando abbaia, un cane alza la testa in modo particolare, come sta facendo questo Cane da pastore scozzese Shetland: aiuta a propagare il suono su un'area più vasta.

Gioca

I cani sono famosi per la loro giocosità e continuano a giocare anche nella vecchiaia, seppur con minor energia: questa attività li aiuta a mantenersi in salute sia mentale che fisica e migliora il loro tono muscolare e l'agilità. Il loro modo di giocare si determina nella prima parte della loro vita.

Stili di gioco

Le esperienze iniziali di un cane saranno determinanti per tutta la sua vita. Ciò si applica in particolare al modo in cui gioca e interagisce con il suo padrone. I cuccioli inseguiranno istintivamente un giocattolo e di solito è facile convincerli a riportarcelo, dato che capiranno presto che verrà di nuovo lanciato, permettendo al gioco di continuare. Anche la razza ha un suo ruolo: i retriever, per esempio, riportano quasi per istinto i giocattoli che vengono loro lanciati. Il senso dell'olfatto superiore permette ai cani, inoltre, di individuare i giocattoli che sono caduti fuori dalla visuale, per esempio in un fosso o sotto una siepe.

Invito al gioco La postura di questo Border collie mostra che sta cercando di invitarci a giocare. In questa postura, simile a un inchino, il cane è quasi sdraiato sulle zampe anteriori con la parte posteriore sollevata.

Abili giocatori di calcio Su superfici dure, alcuni cani imparano a usare le zampe anteriori per controllare il movimento della palla, come i calciatori usano i piedi per controllare un pallone.

Imparare a lasciare gli oggetti

Giocando col tuo cane fin da piccolo potrai insegnargli non solo a lasciare il giocattolo su richiesta, ma anche ad aprire la bocca. Ciò ti permette di sottrargli oggetti (per esempio scarpe) che non vuoi siano masticati e ti agevolerà quando dovrai somministrargli medicine in futuro. Un cane che è stato abituato da cucciolo a farsi aprire la bocca in seguito non sarà infastidito da questa procedura, mentre è probabile che un cane adulto a cui venisse inaspettatamente aperta con la forza reagisca aggressivamente, per paura. E con le mani così vicine alle sue fauci, è facile essere morsi. Non è una lezione difficile da insegnare, e il tuo cane imparerà presto che lasciando il giocattolo potrete continuare a giocare insieme. Metti la tua mano sinistra sopra il muso del cane (se non sei mancino) e usa l'altra mano per aprire gentilmente la mandibola. Usa il comando "lascia" mentre lo fai.

Dolore ai denti Tutti i cuccioli apprezzano i giocattoli da masticare quando stanno mettendo i denti, perché li aiutano a ridurre il dolore associato.

Giocattoli per razze diverse

I cani di tipo mastino, che tendono a non essere atletici quanto altre razze, sono anche meno entusiasti di correre dietro a una palla. Preferiscono invece i giocattoli che possono masticare con le loro potenti mascelle o quelli che possono essere usati in modo sicuro nel "tiro alla fune". Come già spiegato, dovrai addestrare il tuo cane a lasciare il giocattolo a comando.

ATTENZIONE

Assicurati che tutti i giocattoli che dai al tuo cane siano sicuri e appropriati e non possano nuocergli.

Niente prese in giro Questo cucciolo di Bulldog inglese sta guardando il giocattolo intensamente, seduto e in attesa che gli sia dato. Evita di stuzzicarlo inavvertitamente – per esempio tenendo il giocattolo appena fuori dalla sua portata – perché potrebbe frustrarsi così tanto da cercare di afferrarlo in modo aggressivo.

Saluta

I cani sono molto sensibili al rientro in casa di un membro della famiglia. L'udito acuto del tuo cane e la sua capacità innata di sapere sempre l'orario gli permettono di anticipare il tuo rientro, soprattutto se avviene tutti i giorni più o meno allo stesso orario.

Un abbaio d'eccitazione

Quando bussi alla porta o infili la chiave nella serratura il tuo cane potrebbe abbaiare, ma non sarà quell'abbaio chiaramente intimidatorio che riserva a uno sconosciuto, bensì un segnale d'eccitazione, che ripeterà brevemente solo fino a quando non entrerai in casa e riconoscerai la sua presenza.

Incrociare lo sguardo Il tuo cane cercherà di ottenere la tua attenzione guardandoti intensamente mentre ti dà il benvenuto.

PORTARE LE PANTOFOLE

I cani amano andare a prendere oggetti di ogni tipo: vuol dire poter giocare un po' con te. Potresti persino riuscire ad addestrare il tuo cane a portarti le pantofole al tuo rientro in casa!

Sensi ben affinati

I cani sono in grado di distinguere tra i suoni di veicoli diversi e anche il tuo imparerà presto a riconoscere l'arrivo della tua macchina, a maggior ragione se vi sarà già salito con te di tanto in tanto e avrà potuto sentire il rumore del motore da breve distanza. Inoltre, il suo acuto udito gli permette di sentire il rumore dei tuoi passi mentre ti avvicini alla porta di casa. Ognuno di noi cammina in maniera diversa e ciò fornisce al tuo cane un ulteriore indizio per riconoscerti senza dover neppure sentire il suono della tua voce. Anche se il tuo cane potrebbe sembrare addormentato quando posteggi sotto casa, in realtà è probabilmente vigile, in attesa che arrivi alla porta d'ingresso.

ATTENZIONE

Non lasciare che il cane esca di casa ad accoglierti, perché preso dall'entusiasmo potrebbe correre in strada e rischiare di essere investito.

Accoglienza calorosa

Al rientro in casa, il tuo cane probabilmente ti accoglierà con entusiasmo. Potrebbe saltarti addosso e muoversi a zigzag tra le tue gambe annusandoti, soprattutto se sei entrato in contatto con un altro cane o un gatto. Strofinandoti contro di te inoltre deposita il suo odore sui tuoi vestiti. Infine, dimostrerà con tutta probabilità la sua gioia di rivederti scodinzolando con entusiasmo.

Torna la calma

I cani più giovani agiscono per istinto nel modo appena descritto, ma è anche il modo in cui saluti il tuo animale domestico a farlo reagire di conseguenza. Accarezzandolo e dandogli attenzione, lo rassicurerai e si calmerà velocemente, forse tornando persino a dormire. Tuttavia, se il tuo cane non si alza affatto per riceverti, potrebbe voler dire che non sta bene.

Tocco Alcuni cani, come questo Labrador retriever, useranno le loro zampe anteriori come mani per cercare di toccarti.

Un naso acuto Il tuo cane potrebbe riuscire a ottenere informazioni su dove sei stato e magari anche un'idea di quello che hai fatto grazie al suo senso dell'olfatto.

Tenere a freno i salti È più probabile che a saltare siano cani piccoli o giovani, come questo cucciolo di Beagle, dato che non possono raggiungerti in altro modo. Rispondi sempre al saluto del tuo cane immediatamente dopo essere entrato, in modo che non si senta ignorato: sarà più facile dissuaderlo dal saltarti addosso.

Con i visitatori

Il modo in cui un cane risponde all'arrivo di un ospite in casa dipende in parte dal fatto che la persona sia o meno già nota al cane, in parte dalla razza canina e in parte dal suo addestramento. Alcuni cani possono eccitarsi parecchio per l'arrivo di una persona che conoscono bene.

L'istinto guardiano

I cani selezionati come cani da guardia si dimostreranno più territoriali di altri e per istinto più sospettosi dei visitatori, soprattutto se sconosciuti. Le razze da compagnia, al contrario, saranno probabilmente molto più tolleranti. È importante addestrare i cani a non reagire aggressivamente all'arrivo di un ospite.

Reazione umana

È facile concentrarsi solamente sul comportamento del cane all'arrivo di un ospite ma, in realtà, la sua reazione sarà influenzata anche da quella dell'ospite stesso. Se l'approccio con il cane è nervoso, allora è più probabile che quest'ultimo reagisca aggressivamente, ringhiando prima e abbaiando ferocemente poi, come avvertimento. Inoltre, il tuo cane reagirà anche in base ai tuoi input: se non sembri turbato dalla presenza del visitatore, il cane perderà presto interesse e si calmerà.

Abbai d'eccitazione
All'arrivo di un ospite, un cane emetterà probabilmente una serie di brevi abbai in rapida successione, soprattutto se gli sembra di essere ignorato. Lo farà guardando in alto, in attesa di una reazione.

ATTENZIONE

Gli artigli di un cane possono causare graffi dolorosi. Controllali perché, se crescono troppo, possono diventare affilati alle estremità.

Minaccioso
Quando un cane ringhia mostrando i denti esprime una minaccia diretta.

Accoglienza entusiasta

Il tuo cane sarà capace di identificare e riconoscere senza difficoltà gli ospiti regolari, accogliendoli con entusiasmo. Molti cani in questi casi amano saltare addosso, con l'intento di avvicinarsi alla faccia della persona: è un'estensione del modo in cui i cani si salutano normalmente tra loro, annusandosi a vicenda i nasi. Anche se questa esuberanza può sembrarti una cosa buona, può intimorire qualche ospite – soprattutto se hai un cane di taglia grande – e non dovresti incoraggiarla. Probabilmente abbaierà in modo gioioso e non minaccioso (anche se per l'ospite potrebbe essere difficile cogliere la differenza) e potrebbe anche correre in tondo, magari allontanandosi e tornando con un giocattolo, nella speranza di poter giocare con l'ospite.

Abbaio territoriale

La prova più evidente dell'atteggiamento territoriale di un cane è il modo in cui abbaierà se rileva la presenza di un estraneo. Questo tipo d'abbaio relativamente rumoroso può far sembrare un cane più grande di quanto sia; lo scopo principale è avvertirti della presenza di questa persona, e il cane dovrebbe smettere di abbaiare su tua richiesta. Questo atteggiamento riflette il modo in cui un branco di lupi difende il suo territorio, con un membro che avverte gli altri di un'incursione non appena viene scoperta. Una volta chiarita l'identità del nuovo arrivato, il cane modificherà il suo atteggiamento salutando qualcuno che conosce bene nel modo già descritto.

Scodinzolio Una coda scodinzolante, ben alta sopra la schiena, è un'evidente dimostrazione di entusiasmo, perlomeno nelle razze che sono fisicamente capaci di farlo, come questo Barboncino.

In piedi per attirare l'attenzione Molti cani, Barboncini inclusi, sono piuttosto abili nel mettersi in piedi sulle zampe posteriori per ricevere ospiti che conoscono bene. È un modo per cercare attenzioni e per dimostrare che non li stanno ignorando.

CAN CHE ABBAIA NON MORDE?

Molti cani, come questo Labrador retriever, possiedono un abbaio profondo e spesso intimidatorio. Ciò basta a spingere molti visitatori ad aspettare fuori dal cancello fino a quando non avrai richiamato il cane. In ogni caso, anche quando un ospite entra senza preavviso è raro che un cane attacchi: in genere si limita a continuare ad abbaiare.

Con gli estranei

Spesso l'udito acuto del tuo cane gli permette di accorgersi dell'arrivo di estranei prima che tu possa sentire alcunché, soprattutto se c'è un cancelletto esterno da aprire o un vialetto in ghiaia da attraversare, dato che imparerà presto a riconoscere questi suoni.

Un addestramento corretto

Di solito i cani da cuccioli non sono portati ad abbaiare o a dimostrarsi particolarmente territoriali, ma le cose cambiano quando si avvicinano alla maturità sessuale. Certe razze selezionate per fare la guardia alle proprietà, come il Bullmastiff, saranno probabilmente sospettose verso gli estranei e devono essere addestrate correttamente a frenare la loro aggressività.

Primo avvertimento

Un cane ha più probabilità di te di accorgersi della presenza di un estraneo nella tua proprietà, soprattutto una volta buio, e se all'improvviso inizia ad abbaiare intensamente potrebbe essere proprio per questa ragione. Non è detto che l'intruso sia una persona, però: potrebbe essere un gatto, per esempio. Anche se un cane che abbaia può risultare utile, devi essere in grado di controllare questo tipo di comportamento: il cane deve smettere di abbaiare una volta che l'estraneo entra in casa col tuo permesso e, una volta rassicurato che va tutto bene, si deve calmare.

Un grande cane in un piccolo corpo
I Jack Russell terrier sono rinomati per essere estremamente territoriali e protettivi, e potrebbero persino tentare di difenderti se vieni avvicinato da un estraneo per strada.

ATTENZIONE

Una volta la castrazione era un modo per rendere un cane maschio meno aggressivo. Oggi si lavora di più sull'educazione e l'addestramento.

Volubili | Border collie sono molto intelligenti ma possono comportarsi male o persino essere aggressivi se non adeguatamente educati.

CONSIGLI

- *È sempre meglio allertare gli estranei della presenza di un cane mettendo un avviso al cancello.*
- *Se il tuo cane inizia ad abbaiare a un estraneo distrailo dandogli un giocattolo.*

Evitare problemi

Un modo per evitare qualsiasi problema quando un estraneo bussa alla tua porta è tenere rinchiuso il cane in un'altra stanza mentre lo ricevi, in modo che non possa né abbaiare all'estraneo né correre fuori casa. Tuttavia, quando devi fare entrare l'ospite in casa occorre un approccio diverso. Infatti, se lo tieni rinchiuso altrove, il tuo cane potrebbe farsi prendere dalla frustrazione e probabilmente inizierebbe a grattare la porta per essere liberato; continuerà, inoltre, ad abbaiare. È molto meglio, supponendo che il tuo visitatore non abbia paura dei cani, permettergli di incontrare questa persona sotto la tua sorveglianza. Dopo questo primo incontro, è probabile che vi ignori entrambi del tutto.

Minacce infondate

La maggior parte dei cani riesce a capire quando un estraneo che è entrato in casa è nervoso in loro presenza e ciò li può incoraggiare a continuare ad abbaiare in maniera intimidatoria, anche da un altro punto della casa. Tuttavia, è molto raro che un cane attacchi davvero un estraneo, anche se potrebbe gettarsi nella mischia se fosse lui ad aggredirti. Ciò che dovrebbe succedere a tempo debito è che una volta che il tuo cane si è abituato a un visitatore abituale (come il postino) si limiti ad abbaiare brevemente all'inizio, proprio come fa per chiunque si avvicini alla casa, e poi perda subito interesse.

Quando è in casa da solo

È possibile che qualcuno venga a suonare alla tua porta quando non c'è nessuno in casa, magari un venditore porta a porta che vuole proporti un nuovo, mirabilante prodotto, un vicino che ha finito lo zucchero o il rappresentante di una qualche fede in cerca di nuovi proseliti. La reazione di un cane, in questi casi, sarà difficilmente silenziosa, dato che spesso si sentirà in dovere di difendere il proprio territorio, abbaiando furiosamente fino a quando non sarà sicuro che il visitatore misterioso si sia allontanato. Correggere questo comportamento è, purtroppo, estremamente difficile, semplicemente perché avviene quando non sei presente e, come già detto, punire un cane a distanza di tempo dal "misfatto" è assolutamente inutile, dato che non sarà capace di collegare la punizione al comportamento errato. L'unica soluzione è prevenire, se possibile, il problema, confinando il cane nella zona della casa più lontana dalla porta d'ingresso.

L'origine dei cani

Come un lupo

L'agility

Interpretare le orecchie

L'importanza dell'addestramento

Se il cane si ammala

Interpretare la coda

Imparare la lingua

Come comunicare con il tuo cane

Il comportamento in viaggio

La riproduzione

L'attrazione canina

Il cane anziano

Il veterinario

Il comportamento intimo

La lingua

Come funziona il branco

Leggere i segnali

L'origine dei cani

Non sappiamo come e quando è iniziato il processo di addomesticamento dei lupi, ma è difficile che sia avvenuto in tempi brevi; quasi certamente, ha avuto luogo su scala mondiale in tante località diverse nel corso di decine di migliaia di anni. Le razze canine domestiche di oggi discendono dal lupo grigio.

La nascita del migliore amico dell'uomo

Si pensa che il primo periodo di contatto tra lupi e uomini sia iniziato circa 100.000 anni fa, mentre il processo di domesticazione, che avrebbe portato al cane attuale, sarebbe iniziato solo intorno a 15.000 anni fa. La trasformazione da lupo a cane fu probabilmente causata dai cambiamenti nella società umana, dopo che i nostri antenati iniziarono a diffondersi per il globo. Le comunità divennero più stazionarie e la scoperta dell'agricoltura impose un modo di vivere diverso da quello nomade dei cacciatori-raccoglitori. I lupi potevano stabilirsi con gli umani, adottando uno stile di vita da saprofagi piuttosto che da predatori: ciò cambiò profondamente il loro rapporto con le persone.

Australian Cattle Dog Questa razza di cane domestico è stata creata in parte ricorrendo a incroci con Dingo (i cani selvatici australiani), che furono usati per apportare robustezza. Tuttavia, proprio gli incroci casuali con animali domestici stanno ora minacciando le popolazioni di Dingo.

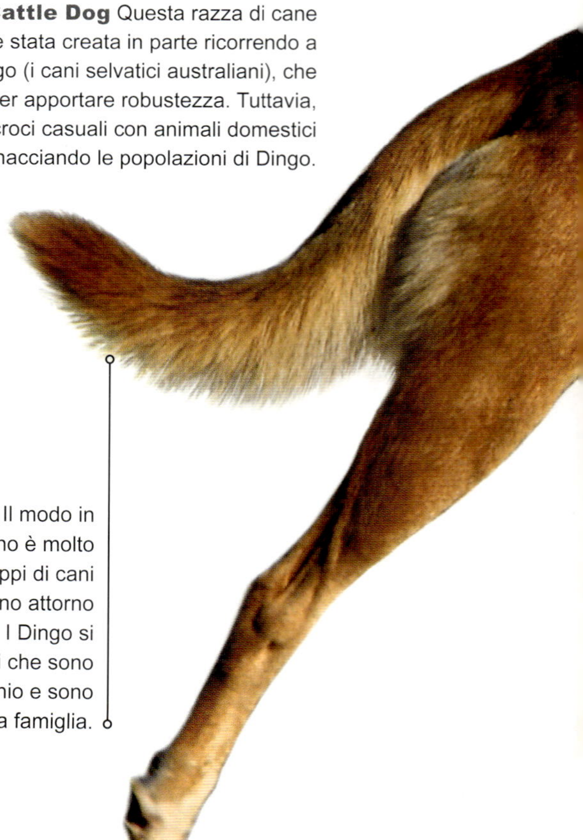

Animali da branco Il modo in cui i Dingo si comportano è molto diverso da quello dei gruppi di cani randagi che si formano attorno agli insediamenti umani. I Dingo si organizzano in branchi che sono guidati da un maschio e sono composti da membri della famiglia.

Dove è iniziata la domesticazione

L'analisi del DNA sta facendo luce sul possibile luogo d'origine del processo di domesticazione. Sembra che sia iniziato nell'Asia orientale e che alcuni cani siano stati portati via da lì attraverso lo stretto di Bering, che una volta collegava l'Asia al Nord America. Ci sono inoltre prove lampanti che poco dopo l'Europa divenne un centro di domesticazione. I cani domestici possono essere distinti dai lupi sulla base della loro anatomia. In particolare, sono privi della ghiandola pre-caudale sulla coda, usata dal lupo maschio dominante per marcare gli altri membri del branco.

Prove disseminate

I più antichi resti di cani domestici di cui si è a conoscenza sono stati disseppelliti in Europa, anche se l'esatta data a cui farli risalire è incerta. I resti incompleti sono difficili da datare: in una caverna belga è stato trovato un dente canino che si pensa appartenesse a un cane vissuto circa 31.700 anni fa. Sorprendentemente, alcuni di questi ritrovamenti rivelano anche un legame profondo tra persone e cani. Nei pressi della città tedesca di Düsseldorf è stato scoperto un cane sepolto insieme al suo padrone in una tomba risalente a circa l'11.000 a.C.

ANELLO MANCANTE

Non c'è alcun evidente "anello mancante" tra il lupo (a destra) e il cane domestico, sebbene il Cane canoro della Nuova Guinea, con il suo caratteristico richiamo, e il più conosciuto Dingo australiano (in basso) siano possibili candidati. Il Dingo fu addomesticato circa 5000 anni fa ma in seguito è tornato a una vita indipendente.

Timidi Dingo I Dingo cacciano prede relativamente grandi, il che li ha messi in contrasto con gli allevatori di pecore in Australia, tanto che ora evitano il più possibile ogni contatto con gli uomini. I cani selvatici, invece, si procurano il cibo rovistando tra i rifiuti di insediamenti umani e, pur non essendo addomesticati, sono spesso visibili durante il giorno e se minacciati si limitano ad allontanarsi.

Selvatici ma pacifici I Dingo combatteranno per difendere il loro territorio ma, forse per un lascito della loro breve esperienza di domesticazione, i gruppi familiari di Dingo non sono così aggressivi verso altri membri della loro specie come i lupi.

Come funziona il branco

I lupi grigi sono creature altamente sociali e vivono in branchi di varia grandezza. Comprendere le abitudini di vita di questi animali è fondamentale per capire cosa spinge il tuo cane ad agire in un certo modo.

Caccia in branco

I lupi grigi sono animali predatori e, dato che vivono in branchi, è essenziale una buona comunicazione tra i membri del gruppo, soprattutto quando si deve affrontare una preda potenzialmente pericolosa. Alcuni studi hanno dimostrato che c'è un rapporto diretto tra le dimensioni del branco e quelle della preda abbattuta: per sopraffare una grossa preda in relativa sicurezza è necessario infatti un notevole sforzo fisico. Le dimensioni del branco sono anche influenzate dalla necessità di difendere il territorio dalle incursioni di altri gruppi di lupi.

Linguaggio dei lupi I lupi si affidano a una combinazione di vocalizzi e linguaggio del corpo per comunicare tra loro, proprio come i cani.

Responsabilità condivise Quando i cuccioli iniziano a diventare indipendenti e a nutrirsi di cibo solido, saranno tutti gli adulti del branco, non solo i genitori, a prendersi cura di loro.

DIMENSIONI DEL BRANCO

Branchi di lupi più numerosi hanno maggiori possibilità di abbattere una preda durante la caccia e quindi una più grande disponibilità di cibo. Sono anche più efficaci nel difendere il bottino dagli animali saprofagi. Se il cibo inizia a scarseggiare, però, il numero di membri diminuirà, dato che gli individui più deboli saranno scacciati.

Varianti geografiche I branchi di lupi più numerosi possono essere trovati nella regioni settentrionali del Nord America, in cui la preda tipica è il caribù. Qui branchi di nove o più esemplari sono comuni, mentre in Medio Oriente, dove cacciano prede più piccole, spesso vivono da soli o in coppie.

Inserimento I lupi giovani hanno molte più possibilità dei vecchi di essere accettati in un nuovo branco.

Gerarchia

I rapporti all'interno del branco sono importanti e stabiliscono un legame tra tutti i membri. Il branco è essenzialmente un gruppo familiare guidato da una coppia dominante di lupi, i cui membri si riconoscono tra loro con la vista e l'olfatto. Gli appartenenti al branco cercano di evitare i conflitti al suo interno e mantengono una rigida gerarchia; di solito solo la coppia dominante si riproduce. I branchi sono generalmente aggressivi verso lupi adulti solitari che entrano nel loro territorio e combatteranno per respingere ogni incursione nella loro zona di caccia da parte di branchi confinanti.

Riconoscimento e accettazione

I legami tra branchi possono estendersi su distanze sorprendenti. Se un membro di un branco si è trasferito con successo in uno nuovo, in futuro altri individui provenienti dal branco originario saranno più facilmente accettati in quest'ultimo. Tutto questo è stato confermato da test del DNA, che hanno rivelato come branchi sparpagliati in una grossa area possano essere imparentati tra loro. Ciò suggerisce che il riconoscimento olfattivo è molto importante tra i lupi, una caratteristica ancora molto evidente anche nel cane domestico.

Come un lupo

Molti dei comportamenti che oggi riscontriamo nei cani domestici derivano dai lupi, anche se i cani ne hanno sviluppato pure di propri, di solito legati al rapporto con le persone. Il modo in cui questi comportamenti evolvono è stato in parte chiarito attraverso l'allevamento di ibridi tra cani e lupi.

Vocalizzazione Cani e lupi hanno alcuni modelli di vocalizzazione simili, ma differiscono anche in tanti altri aspetti. I cani abbaiano molto più facilmente dei lupi, essendo stati incoraggiati a farlo per una serie di ragioni, spesso legate ai lavori per cui sono stati selezionati.

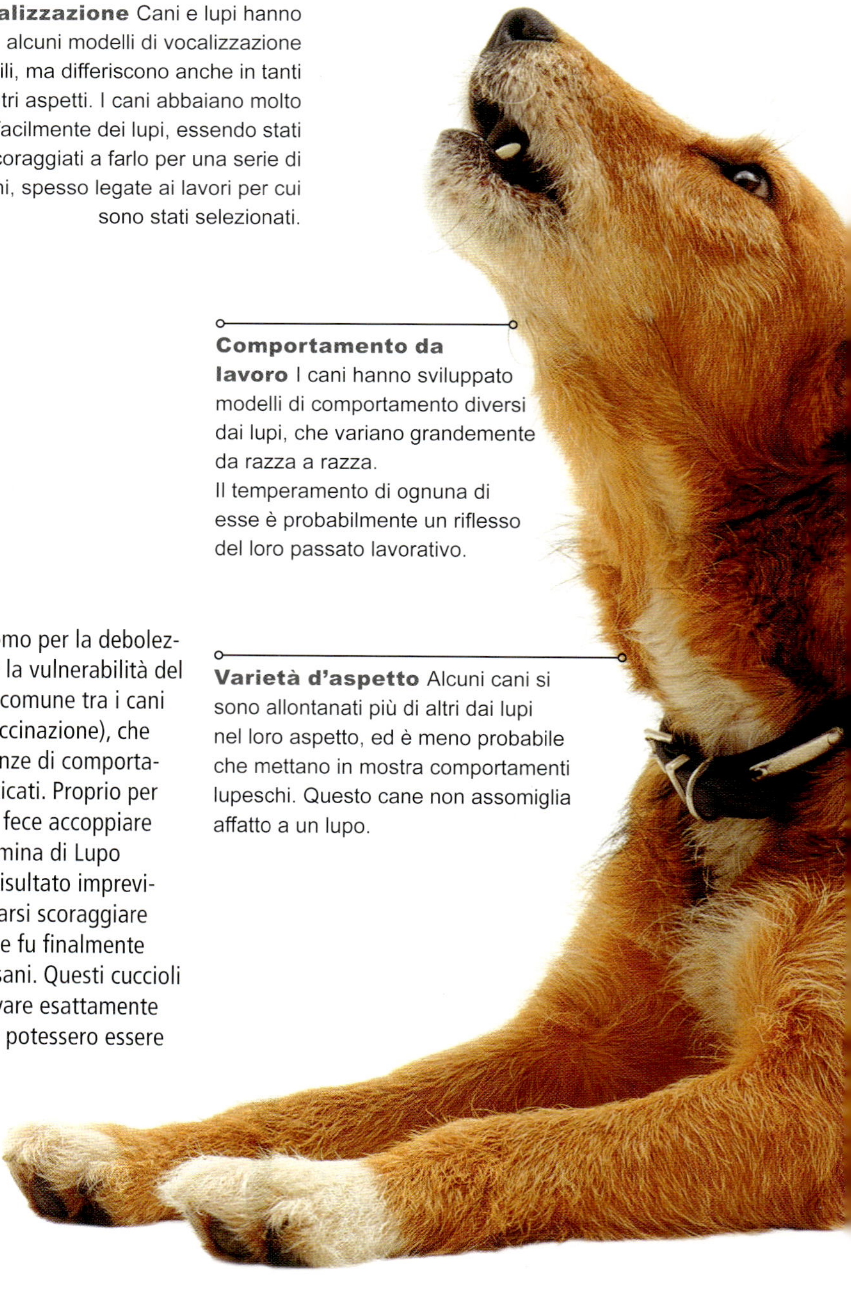

Comportamento da lavoro I cani hanno sviluppato modelli di comportamento diversi dai lupi, che variano grandemente da razza a razza.
Il temperamento di ognuna di esse è probabilmente un riflesso del loro passato lavorativo.

Varietà d'aspetto Alcuni cani si sono allontanati più di altri dai lupi nel loro aspetto, ed è meno probabile che mettano in mostra comportamenti lupeschi. Questo cane non assomiglia affatto a un lupo.

Gli ibridi

Fu a causa della preoccupazione di un uomo per la debolezza dei cani domestici, e precisamente per la vulnerabilità del Pastore tedesco al cimurro (una malattia comune tra i cani che ora può essere prevenuta con una vaccinazione), che si ebbe la possibilità di studiare le differenze di comportamento tra i lupi e i loro parenti addomesticati. Proprio per questi studi l'olandese Leendert Saarloos fece accoppiare un Pastore tedesco maschio con una femmina di Lupo eurasiatico, imbattendosi all'inizio in un risultato imprevisto: la cucciolata morì di cimurro. Senza farsi scoraggiare da questo insuccesso, Saarloos ci riprovò e fu finalmente ricompensato da una cucciolata di ibridi sani. Questi cuccioli fornirono un'opportunità unica per osservare esattamente quali aspetti del comportamento del lupo potessero essere riscontrati nei primi cani addomesticati.

Un cane simile a un lupo

Gli ibridi lupo-cane di Saarloos si dimostrarono molto più diffidenti dei cani domestici e tendevano a rimane compatti in gruppo; se uno dei cuccioli veniva separato dai compagni, diventava decisamente nervoso e rifiutava di calmarsi, continuando a vagare alla loro ricerca.
Gli animali non erano aggressivi e tendevano a comunicare più ululando che abbaiando. Un'altra area in cui era stata precedentemente osservata una marcata differenza tra lupi e cani era nella loro reazione all'addestramento: i lupi erano molto più resistenti a questo concetto dei cani domestici; man mano che il programma d'allevamento procedeva, però, la razza ibrida emergente diventava più simile ai cani nei suoi attributi. Saarloos continuò nel suo lavoro fino alla sua morte nel 1969, stabilendo un tipo riconoscibile per questi cani, che è stato accettato alle esposizioni dall'associazione cinofila olandese. Ma anche adesso il Cane da lupo di Saarloos – è questo il nome della razza – non vive felice se tenuto individualmente; i padroni di solito hanno due o più esemplari per preservare la sensazione del branco.

L'approccio ceco

Un programma d'allevamento simile, che coinvolgeva lupi grigi e Pastori tedeschi, iniziò nel 1955, in quella che allora era la Cecoslovacchia. Il risultato fu una razza che si differenzia in temperamento dal Cane da lupo di Saarloos. Il Cane da lupo Cecoslovacco (vedi box a destra) è molto simile a un lupo nell'aspetto ma non è sfuggente come il Cane da lupo di Saarloos.

UN CANE DA LAVORO

Facilità di movimento e notevole resistenza sono caratteristiche del Cane da lupo Cecoslovacco, che assomiglia molto al lupo grigio (in alto). Per ottenere un cane adulto ben equilibrato è vitale una forte socializzazione fin dall'infanzia; l'addestramento non è difficile, anche se è raccomandato un approccio basato sulla motivazione piuttosto che sulla ripetizione. Questi cani sono stati usati con successo in Italia per missioni di ricerca e soccorso (vedi pagina 156 per altre informazioni sui cani da ricerca e soccorso).

Dimensione della testa
Come ben visibile qui, nei cani domestici la testa è più piccola che nei lupi, una caratteristica che di solito serve a distinguere gli ibridi dai lupi puri.

Leggere i segnali

Ci sono razze di cui si può imparare a prevedere i comportamenti, mentre altre restano totalmente imprevedibili. Capire il linguaggio del corpo del tuo cane e il modo in cui si comporta ti può essere di aiuto quando lo porti fuori, perché ti può permettere di evitare uno scontro con altri cani.

Atteggiamento generale

Alcuni cani, come i retriever, sembrano rilassati e sicuri di sé quando ti trottano a fianco, senza mostrare alcun segno di nervosismo o aggressività. Altri, per natura socievoli come i Beagle e altri cani da pista, sono di solito ben disposti verso altri conspecifici. Tuttavia, altri esemplari di cani da pista potrebbero essere a disagio quando incontrano degli estranei per la prima volta.

I cani che in passato sono stati maltrattati possono diventare più imprevedibili nel loro comportamento e se ne hai adottato uno devi essere particolarmente cauto per evitare che possa fuggire se spaventato o diventi aggressivo se messo alle strette. Assicurati che il tuo cane obbedisca ai comandi, in modo da poterlo richiamare al tuo fianco se necessario.

Rilassato Il Cocker spaniel è una razza creata per lavorare con gli uomini e ha un atteggiamento rilassato.

Un pò insicuro Questo Chinese crested dog sembra leggermente a disagio. Anche se le orecchie sono tenute in avanti e tese, la coda è ripiegata sotto il corpo.

Socializzazione

Un modo per far sì che un cane impari a non comportarsi in modo inopportuno è portarlo a una classe di socializzazione per cuccioli. Non si tratta di sessioni di addestramento, ma incontri che permettono ai cani di interagire da piccoli in modo che ci siano meno probabilità di conflitto da grandi. Imparando a giocare tra loro da cuccioli, dovrebbero diventare più tolleranti: in molti casi le aggressioni canine sono causate dalla paura di ciò che non si conosce.

L'importanza delle orecchie Questo cane è capace di comunicare i suoi stati d'animo e intenzioni usando le orecchie, molto espressive e mobili (vedi le pagine 50-51). Questa abilità gli permetterà a volte di evitare lo scontro. Ad alcune razze canine venivano tagliate le orecchie (pratica oggi vietata in molti paesi) per farle stare dritte, privandole in questo modo di un metodo di comunicazione e facendo aumentare i casi di scontri tra cani.

Prevedere i problemi

Alcune razze sono meno ben disposte verso altri della propria specie, ed è qui che l'occhio del padrone diventa molto importante. Non devi pensare in automatico che tutti gli Staffordshire bull terrier siano aggressivi verso i loro simili a causa del loro passato di cani da combattimento. Tuttavia, devi essere consapevole che se possiedi uno di questi cani e stai per incrociare un altro cane al guinzaglio in un passaggio stretto, c'è un rischio maggiore di conflitto tra i cani che se foste all'aperto in un campo, dove potresti richiamare a te il cane e spostarti da un'altra parte.

Amici o nemici?

La differenza di taglia non è un indicatore del tutto affidabile su come i cani reagiranno l'uno all'altro. Alcune razze piccole – persino il Chihuahua, che è la più piccola di tutte – possono essere piuttosto risolute, a volte. I cani sono come le persone, nel senso che incontrano alcuni individui che gli piacciono e con i quali vanno d'accordo, giocando a rincorrersi quando sono liberi dal guinzaglio, mentre altri sollevano il pelo del collo e adottano una posa aggressiva. Spesso è impossibile prevedere con certezza la loro reazione, per cui fai attenzione a qualsiasi segnale di pericolo.

CONSIGLIO

- *La presenza di una cagna in calore spingerà i cani maschi a essere più aggressivi gli uni con gli altri.*

Sguardo concentrato I Carlini hanno la coda arricciata, per cui per esprimere il loro umore fanno affidamento soprattutto sulla posizione delle orecchie. Quando si concentrano, con le orecchie tirate in avanti, possono sembrare (a torto) spaventati dato che la pelle della fronte diventa più rugosa.

Alcune linee guida

Esistono alcune linee guida generali su come cani diversi reagiranno l'uno all'altro. I cani maschi sono i più portati ad essere aggressivi e di sicuro si ricordano l'uno dell'altro se si incrociano regolarmente nella stessa zona. D'altro canto, i cani possono anche stringere amicizie ed essere giocosi, con un esemplare che trotta dall'altro e si abbassa sulle zampe anteriori per invitarlo al gioco (vedi pagina 83). Anche l'età ha il suo peso, infatti questo comportamento giocoso è più comune tra i cani giovani.

Interpretare le orecchie

Nelle comunicazioni visive, i cani usano le orecchie per indicare i loro stati d'animo e reazioni in particolari situazioni, anche se il significato di questo tipo di comunicazione varia a seconda della razza. La forma delle orecchie, e la loro relativa flessibilità, sono entrambi fattori significativi.

Diversi stili di orecchie

L'aspetto delle orecchie dei cani differisce sensibilmente da razza a razza. I cani di tipo Spitz, che sono i più simili per aspetto ai lupi grigi, possiedono orecchie notevoli ed erette che non sono particolarmente mobili. Queste orecchie sono piuttosto spesse e ben protette contro il freddo delle aree nordiche in cui queste razze si sono sviluppate.

All'altro estremo ci sono alcune razze da pastore, come il Komondor, con un mantello così arruffato da nascondere le loro orecchie. Le orecchie dritte permettono ai cani di individuare la fonte dei suoni più facilmente e non è una coincidenza che siano proprie soprattutto delle razze che lavorano per lo più in aperta campagna, come nel caso dei cani di tipo Spitz, che sono di frequente usati come cani da slitta. Quelli che lavorano nel sottobosco, come molti cani da caccia, hanno lunghe orecchie penzolanti, che servono a impedire che i loro sensibili canali auditivi siano feriti da pezzi di vegetazione appuntiti e sporgenti contro cui potrebbero sfregare correndo in questo tipo di terreno.

Posa rilassata Le orecchie di questo cane sono tese, com'è tipico negli Spitz. Tuttavia, si vede che è rilassato perché la pelle dietro gli occhi non è tirata indietro e tesa.

Senza controllo Questo piccoli Welsh corgis potrebbero non essere in grado di usare le loro orecchie per comunicare, dato che all'inizio penzolano soltanto.

Senso di colpa In ascolto, e con un'espressione piuttosto preoccupata, questo cucciolo ha chiaramente paura di essersi comportato male.

In guardia e sicuro di sé Il Beagle è una razza con orecchie espressive. Qui, le orecchie sono spinte in avanti, la testa è leggermente piegata da un lato e gli occhi sono concentrati: è ben vigile.

Termometri dell'umore

Un aspetto del linguaggio del corpo canino è persino entrato a far parte dei nostri modi di dire. L'espressione "faccia da cane bastonato" è ben conosciuta, ed è usata per descrivere una persona che appare depressa e con la coscienza sporca. Questa locuzione riflette il modo in cui un cane che si è comportato male reagisce quando viene rimproverato: fa pendere ancora più giù del solito le orecchie e anche la coda penzola inerte. Al contrario, un cane felice e attento ha le orecchie leggermente alzate e guarda intensamente in direzione di ciò che ha attirato la sua attenzione, tenendo probabilmente alta anche la coda.

Un ostacolo alla comunicazione

Il taglio delle orecchie è una procedura chirurgica ormai bandita in molte nazioni perché è crudele e inutile. La procedura implica la rimozione di cartilagine da entrambe le orecchie in modo che queste stiano sempre alzate in posizione verticale. È un'operazione a cui venivano sottoposte razze come l'Alano allo scopo di farle sembrare più feroci ma, bloccando le orecchie in questa posizione, diventava per loro impossibile utilizzarle per comunicare efficacemente. I cani che non sono in grado di comunicare con la normale efficacia rischiano maggiormente di essere coinvolti in scontri. Questo, a sua volta, tende a rafforzare la credenza che tagliare le orecchie renda un cane più aggressivo.

Manipolazione I Chihuahua, come questo esemplare a pelo lungo, hanno orecchie enormi ed espressive. Possono essere un po' manipolatori, e far fare ai loro padroni cose che non vorrebbero.

Interpretare la coda

I cani usano la coda per comunicare i loro stati d'animo, spesso insieme ai movimenti delle orecchie (vedi le pagine 50-51), anche se l'enfasi data a questo metodo varia a seconda della razza. I cani possono comunicare una grande varietà di umori con le loro code, dall'eccitazione all'aggressività.

Curioso La curiosità di questo cucciolo di Chihuahua è rivelata dal modo in cui la sua coda è piegata in avanti.

Rilassato Questo Chihuahua è calmo e non molto eccitato. La sua coda è leggermente incurvata verso la punta, tenuta lontana dal corpo.

ATTENZIONE

I cani da caccia a volte soffrono di danno muscolare alla coda. Bastano alcune settimane di riposo per stare meglio.

Linguaggio della coda

Alcuni cani sono meglio equipaggiati per comunicare con la coda rispetto ad altri. Le razze da pastore tendono a non fare molto uso delle loro code, mentre per molte razze toy, come i Chihuahua di queste pagine, esse costituiscono un mezzo di comunicazione con i loro padroni molto importante, dato che forniscono un metodo istantaneo per indicare il loro umore.

Interpretare i segnali

Una coda sollevata significa che un cane è in allerta e sta attento a ciò che succede attorno a lui. Questo comportamento può presto essere seguito da una risposta più coinvolta, con il cane che muove la coda entusiasticamente da un lato all'altro. Ciò indica eccitazione, e infatti di solito i cani salutano i loro padroni in questo modo quando non si sono visti per un po'. Se la coda fosse estesa in posizione più orizzontale, potrebbe essere segno d'incertezza, mentre una coda che è tenuta in basso tra le zampe posteriori è tipica di esemplari nervosi o che sono stati rimproverati. Code molto sporgenti corrono il rischio di danneggiarsi gravemente, però, nel caso dei cani da caccia, ed ecco perché le code dei cani designati a questo scopo a volte vengono ancora tagliate anche in nazioni che hanno altrimenti bandito questa pratica.

Varianti di coda

Proprio come per le orecchie, c'è una considerevole varietà anche nella forma, misura e flessibilità delle code, il che spiega la diversa enfasi posta sulla coda come mezzo di comunicazione dalle diverse razze canine. Una delle caratteristiche del gruppo Spitz, per esempio, è il modo in cui le loro code si incurvano sopra la schiena e verso un lato. Alcune razze, soprattutto tra i membri del gruppo dei cani da pastore, possono nascere con code molto più corte del normale, o persino assenti; l'esempio più lampante è il Bobtail.

Razze dotate di lunghi mantelli hanno una lunga pelliccia anche sulle code, che sono quindi più pesanti e meno flessibili quando si tratta di comunicare. Molti segugi a pelo raso, come il Bloodhound, sono dotati di code che permettono ai membri del branco di individuarli facilmente mentre inseguono la preda nella boscaglia. È per questo motivo che tendono a portarle ben in mostra sopra la schiena.

Stretching della coda Questo Chihuahua si è appena svegliato e si sta stiracchiando. Potrebbe estendere la coda orizzontalmente all'inizio, prima di farla oscillare da un lato all'altro e poi tenerla alzata, mentre aspetta di capire cosa sta succedendo. Una serie di muscoli permettono di controllare la posizione della coda e i suoi movimenti.

Lo stretching continua Dopo aver esercitato i muscoli della coda, il Chihuahua continua a tenerla dritta mentre procede con lo stretching. Un eventuale danno alla coda può causare una paralisi dei muscoli, il che limiterà la sua capacità di muoverla in questo modo.

Preoccupazione Questo Chihuahua non è sicuro di cosa stia succedendo alla sua sinistra e la cosa si riflette nel modo in cui l'orecchio, da quel lato, è tirato indietro, mentre la coda è tenuta bassa e verso destra. Una serie sempre più sottile di ossa corre lungo la coda per supportare i muscoli e i nervi che ne controllano i movimenti.

La lingua

La vigorosa lingua di un cane è parte essenziale della sua anatomia. Ha scopi funzionali, come la toelettatura, la degustazione, l'abbassamento della temperatura e la comunicazione sia con gli esseri umani che con altri cani.

Dati di fatto

La lingua di un cane di solito è rosa, con due notevoli eccezioni: lo Shar pei (vedi pagina 69) e il Chow Chow, due razze cinesi che hanno entrambe una lingua scura, bluastra, una caratteristica assente nelle altre 400 e più razze riconosciute.

Un cane è capace di allungare la lingua per leccare il pelo ai lati della bocca. Se ha dei resti di un pasto attaccati al pelo in quel punto, li può leccare via, o può essere aiutato nel compito da altri cani! Un cane usa la lingua anche per strigliare il suo mantello, a volta mordicchiando la pelle oltre che leccando il pelo. Questa operazione può essere utile per rimuovere macchie e fango e contribuisce a mantenere bassa la temperatura del corpo nei periodi caldi.

I cani non sono dotati di ghiandole sudorifere in tutto il corpo, ma queste si trovano solo nello spazio tra le dita e la pianta dei piedi. L'evaporazione della saliva dalla superficie della lingua è ciò che li aiuta a regolare la loro temperatura corporea.

Un cane fa ricorso alla natura muscolare della sua lingua per creare una sorta di "mestolo" quando beve, riuscendo in questo modo a farlo efficacemente. La lingua aiuta anche a posizionare il cibo per la deglutizione, cosa molto importante se si pensa che i cani tendono a ingoiare il cibo intero, senza masticarlo e ridurlo in piccoli pezzi prima.

Pericolo potenziale La lingua riceve un notevole afflusso di sangue, quindi ogni ferita può innescare una copiosa perdita di sangue. Una lattina aperta, e soprattutto il suo coperchio, sono potenzialmente pericolosi, perché se il cane li lecca è facile che si tagli.

Forte e flessibile
La lingua di un cane è molto muscolosa e flessibile. Può fuoriuscire dalla bocca ed essere diretta attorno alle labbra e persino arrivare fino al naso, come mostrato qui.

Cura dei cuccioli

Dopo l'allattamento, le madri usano la lingua per leccare piuttosto vigorosamente i cuccioli appena nati. In questo modo li spingono a fare i bisogni, fino a quando non avranno sviluppato un maggiore controllo sull'intestino e la vescica.

Indicatore di malessere

I cani usano la lingua anche per alleviare le irritazioni. In tarda estate, dopo essere stati a passeggio in campagna, potrebbero leccarsi ripetutamente le zampe: si tratta di un classico sintomo d'infestazione dalla forma larvale dell'acaro del raccolto (*Trombicula autumnalis*). Se sospetti che il tuo cane ne sia vittima, stai attento quando esamini l'area colpita, perché l'irritazione può essere così forte che il tuo cane potrebbe reagire bruscamente.

I cani si leccheranno anche ogni ferita sul corpo, con l'intento di limitare la perdita di sangue ed evitare infezioni. Se leccano ripetutamente la parte inferiore della gamba si formerà un'area priva di peli denominata "granuloma da leccamento". Questa è spesso indice di stress psicologico, comune tra i cani di taglia grande lasciati da soli per lunghi periodi.

Osservalo bene Un leccare frequente e ripetuto della stessa area potrebbe essere indizio di un problema di salute latente. Questo Boxer si sta leccando ripetutamente la zampa, possibile indizio d'infestazione di acari.

Altre ragioni

Un cane potrebbe leccare le labbra di un altro cane come segno di sottomissione. Questa azione riflette un comportamento dell'infanzia, quando un cucciolo lecca i lati della bocca della madre nella speranza d'incoraggiarla a rigurgitare il cibo (vedi pagina 80), ed ecco cosa probabilmente lo spinge ad attuare lo stesso comportamento anche con te. Inoltre, i cani giovani amano leccare gli oggetti: fa probabilmente parte della loro curiosità, un modo per indagarne la consistenza.

CONSIGLIO

- *Il continuo leccare una parte del corpo potrebbe essere legato a un problema di ipotiroidismo. Se ne hai il sospetto, fai controllare il cane da un veterinario.*

LECCARE LA FACCIA

Quando un cane ne incontra un altro che conosce bene, i due spesso all'inizio si annuseranno a vicenda, per poi leccarsi la faccia. I cani, e soprattutto quelli giovani, cercano di fare lo stesso per salutare il padrone. Ecco perché a volte il tuo cane salta quando ti abbassi o ti sale in braccio quando ti siedi e inizia a leccarti il viso. È un saluto d'amicizia, ma è un comportamento da non incoraggiare per chiare ragioni igieniche. Se il tuo cane indossa un collare, è più facile spingerlo a desistere. Altrimenti, dovrai soltanto allontanarlo spingendolo gentilmente, ordinandogli di sedersi.

L'attrazione canina

Proprio come succede tra le persone, non c'è un motivo palese per cui alcuni cani sembrino piacersi. Ma una volta stabilito un legame, è probabile che si formi un'amicizia di lunga durata, con i cani che si riconosceranno e rimarranno in buoni rapporti anche se separati per lunghi periodi.

Insicuro Questo cucciolo di Labrador retriever ha uno sguardo sospettoso, ma anche il modo in cui le orecchie sono tenute indietro e leggermente alzate fa capire che non è molto sicuro dell'altro (un incrocio tra Whippet e Lurcher).

Ben affiatati I cani che sono imparentati, come questi Border collie, o che vivono nella stessa casa andranno probabilmente d'accordo.

Vivere insieme

Quando ci sono legami di parentela tra due cani, per esempio madre e figlia o due fratellini cresciuti insieme, essi andranno quasi sicuramente d'accordo per tutta la vita. Se vivono insieme, c'è già una gerarchia stabilita, che non verrà messa in discussione. Comunque, molti cuccioli legheranno bene anche se provengono da cucciolate diverse, e prenderli nello stesso periodo migliorerà le possibilità che stabiliscano un bel rapporto. Potrebbero avere un diverbio di tanto in tanto, di solito legato al cibo o forse a un giocattolo, ma difficilmente sfocerà in un conflitto serio. Puoi evitare problemi di questo tipo dando loro da mangiare separatamente.

Espressione di un forte legame

Dopo un periodo di separazione, due cani che erano molto legati dovrebbero essere contenti di rivedersi, annusandosi a vicenda e spesso abbaiando eccitati per salutarsi. Tuttavia, se uno dei cani ha la tendenza a essere aggressivo, meglio farli rincontrare con calma e controllarli per i primi minuti. Il gioco potrebbe degenerare se si rotolano e lottano tra loro con energia. Se il pelo della schiena non è alzato, l'incontro dovrebbe essere amichevole: entrambi i cani potrebbero fare a turno a inseguire l'altro, anche se spesso è più probabile che uno dei due sia dominante.

Conoscenze casuali

Anche cani che non vivono assieme ma si incontrano regolarmente, magari durante le passeggiate, possono costruire un rapporto d'amicizia. Non appena uno dei due nota l'altro, è probabile che gli corra incontro, scodinzolando; i cani si annuseranno a vicenda, muovendosi in cerchio, prima di iniziare a inseguirsi, compiendo giri intorno ai due padroni. Non c'è niente che faccia credere che i cani siano più socievoli con esemplari della loro stessa razza. Infatti anche cani di tipo totalmente diverso, come un Carlino e un Greyhound, possono diventare amici, anche se il loro fisico potrebbe influenzare il modo in cui giocano.

Costruire un rapporto

Per aumentare la possibilità che due cani vadano d'accordo devi ricorrere ad alcuni accorgimenti. Per prima cosa, non puoi limitarti a portare un nuovo cane a casa e sperare che il "vecchio" lo accetti immediatamente: ci sarebbe quasi certamente un conflitto, con il nuovo arrivato che invaderebbe il territorio dell'altro. Ci vorrà tempo e pazienza. Sarà molto più saggio permettere ai cani di incontrarsi più volte in un territorio neutrale, come un parco, in modo che possano imparare a conoscersi prima di iniziare a convivere in casa. Anche se la cosa potrebbe sembrarti strana, non dovresti cercare di rassicurare il nuovo arrivato; devi invece enfatizzare dall'inizio che a comandare è il cane precedente, per non indebolire la sua posizione. Per cui, colma d'attenzioni per primo il cane di casa. Come per i cuccioli, evita ogni possibilità di scontro durante i pasti dando da mangiare ai cani separatamente.

Andare d'accordo Due cani amici giocheranno spesso; questo particolare esemplare sta invitando al gioco un altro cane con il tradizionale inchino d'invito.

Il comportamento intimo

I cani comunicano in maniera particolare con la loro stretta cerchia di affetti, che siano cani o uomini. Questa modalità di comunicazione si sarà in parte stabilita durante la loro crescita, periodo nel quale avranno imparato come attirare al meglio l'attenzione (pagine 22-23), ricorrendo soprattutto al linguaggio del corpo.

Ottenere quel che vuole

Il contatto visivo a breve distanza tra cane e padrone è denso di significato. Per attirare la tua attenzione quando sei seduto, il tuo cane potrebbe metterti la testa sulla gamba o poggiarvi gentilmente la zampa, guardandoti per tutto il tempo. Ciò dovrebbe bastare a spingerti a occuparti di lui e una volta che ti sarai alzato correrà via eccitato, aspettandosi di uscire per una passeggiata o di mangiare. Se, però, non reagisci come si aspetta, allora tornerà al tuo fianco e ripeterà le mosse precedenti.

Fiducia in te

Sdraiato sulla schiena, un cane per rimettersi in piedi deve prima rotolare su se stesso e disporsi su un lato e poi alzarsi. Proprio perché impiega molto tempo a raggiungere una posizione difensiva, questa postura è un atto di fiducia nei nostri confronti, soprattutto perché il cane espone la parte inferiore del collo. I cani possono anche spostarsi in questa posizione durante il sonno, se sono al caldo e rilassati: permette loro di rinfrescarsi esponendo la pancia, dove è presente meno pelo, in modo da disperdere più facilmente il calore.

Gesto di fiducia Un cane sdraiato sulla schiena potrebbe alzare le zampe anteriori in saluto quando ti avvicini.

Pronto a partire Il cane, piuttosto sveglio, guarda e ascolta, più desideroso di giocare che di dormire. Se vai ad accarezzarlo sul torace, è probabile che schizzi nuovamente in piedi.

Migliori amici Questi due cani sono molto rilassati durante il loro incontro, segno che si conoscono bene e che stanno rinnovando la loro conoscenza. Due cani che non si sono visti per un po' al loro incontro seguiranno un preciso rituale, annusandosi a vicenda diverse aree del corpo.

Cane dominante Nel linguaggio canino, lo sguardo è un chiaro indicatore di dominanza e l'esemplare sottomesso sarà il primo a distoglierlo.

Motivi per rotolare

Un cane può decidere di rotolarsi sulla schiena per diversi motivi. Se è sdraiato a terra, allora è spesso indice che vuole giocare. Potrebbe iniziare a grattarti con le zampe anteriori e poi saltar su, sapendo di avere la tua attenzione, per correre a prendere un giocattolo. Se il tuo cane è sdraiato su un divano vicino a te, invece, allora è soltanto un segnale che vuole essere coccolato e accarezzato sul torace e la pancia. Un cane, inoltre, si rotolerà in questo modo quando fa caldo ed è stato raggomitolato per un po' e potrebbe poi finire per accomodarsi su un fianco piuttosto che restare sdraiato sulla schiena, una postura alla lunga non particolarmente confortevole per un cane. Due cani potrebbero rotolarsi in questo modo anche quando si divertono tra loro, giocando in maniera esuberante, con un cane che si mette sulla schiena ed entrambi che usano le zampe per lottare. È un atteggiamento tipico di due cani che si conoscono bene, piuttosto che di un incontro aggressivo, in cui entrambi i cani cercherebbero di rimanere in piedi.

ATTENZIONE

Quando due cani si incontrano, fai attenzione ai segnali che ti indicano in che rapporto sono. Vedi le pagine 112-113 sull'aggressività.

RISCALDAMENTO

Fuori in giardino, un cane si rotolerà sulla schiena in questo modo per stiracchiarsi, un po' come noi quando flettiamo la schiena o facciamo stretching dopo esserci alzati. In questo caso un cane metterà in mostra tutta la potenza della sua schiena, riuscendo a coprire una certa distanza contorcendosi soltanto. Stai attento, però: un cane potrebbe rotolarsi in questo modo anche per coprirsi degli escrementi di altri animali, dalle volpi ai bovini, acquisendo quell'odore pungente.

La riproduzione

La maggior parte delle cagne ha due periodi d'attività riproduttiva, denominati "calori", all'anno. Ci sono alcune eccezioni, comunque: il cane da caccia primitivo africano, conosciuto come Basenji, ne ha solo uno, in comune con il lupo. Una volta sessualmente mature, le cagne continueranno ad andare in calore per tutta la vita.

UN POSTO IN CUI PARTORIRE

Le cagne cercheranno un posto appartato in casa in cui partorire, proprio come una cagna selvatica si nasconderebbe in una caverna o tana nella quale i cuccioli sarebbero ben nascosti. Mettile a disposizione una cassa parto una settimana prima del tempo, in modo che possa abituarcisi, altrimenti potrebbe partorire altrove.

Inizio del processo

Il comportamento di una cagna cambierà una volta entrata in calore. Diventerà visibilmente irrequieta e anche se i cani maschi saranno attratti da lei, in questa fase rifiuterà ogni tentativo di accoppiarsi, anche se potrebbe accettare di giocare. Questo periodo dura in media nove giorni, anche se può variare da due a 27. L'accoppiamento avrà luogo successivamente, durante la fase d'estro del ciclo della cagna, evidente dalle perdite di sangue vaginale che possono gradualmente diventare color paglia. Questa è la fase in cui avviene l'ovulazione: gli ovuli vengono rilasciati dall'ovaia e sono pronti a essere fecondati. Iniziano a svilupparsi nell'utero prima di impiantarsi nelle pareti uterine, dove ogni feto sviluppa una propria "connessione placentare" con la madre.

Potenti feromoni

Le cagne in estro producono segnali chimici chiamati "feromoni", che sono trasportati dalle correnti aeree; impercettibili per noi, sono molto efficaci nell'avvertire tutti i cani maschi del vicinato della presenza di una cagna in calore. Se la tua cagna è in calore, evita di portarla a passeggio in questo periodo e tienila d'occhio quando è in giardino: sarà ansiosa di "evadere" e scappare nella speranza di trovare un partner. Una cagna potrebbe accoppiarsi con più cani maschi in rapida successione, per cui i cuccioli di una stessa cucciolata potrebbero avere padri diversi.

CONSIGLIO

- *Le cagne continuano ad andare in calore per tutta la vita, a meno che non vengano sterilizzate.*

Segni di gravidanza Le ghiandole mammarie della cagna diventano più grandi e rosa verso la fine della gravidanza.

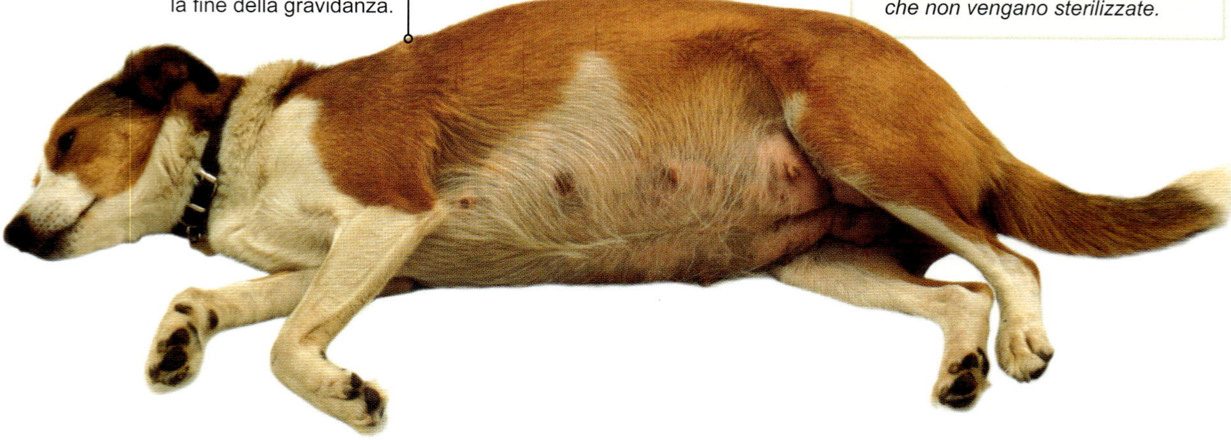

Gravidanza e nascita

Se la cagna rimane incinta durante il calore, ci vorranno in media altri 63 giorni prima che nascano i cuccioli. Quando la gravidanza si avvia alla conclusione, sarà vogliosa di trovare un'area tranquilla in cui partorire senza essere disturbata (vedi box). Nelle prime fasi del travaglio, mostrerà segni di irrequietezza, perderà l'appetito e potrebbe gemere per le contrazioni: questi sintomi saranno probabilmente più forti nelle cagne che partoriscono per la prima volta. Un calo della sua temperatura corporea è uno degli indicatori più affidabili dell'arrivo imminente dei cuccioli, assieme a una perdita vaginale. Circa un giorno dopo, lo sforzo si fa visibile e nascono i cuccioli, con un tipico intervallo di circa 30 minuti tra l'uno e l'altro. In rare occasioni possono sorgere delle complicazioni, dato che i cuccioli potrebbero incastrarsi, e può diventare necessario un taglio cesareo.

Primi giorni

Dopo ogni nascita dovrebbero essere espulse anche le placente che hanno nutrito i cuccioli durante il periodo di gestazione ed è probabile che la cagna le mangi: si tratta di un comportamento piuttosto comune, non allarmarti. I cani selvatici agiscono in modo simile, perché la presenza della placenta potrebbe attirare potenziali predatori. Una volta completata la cucciolata, la cagna si stenderà, dando ai cuccioli la prima occasione di poppare. È un passaggio molto importante, perché il latte fornisce ai piccoli gli anticorpi che li proteggeranno dalle infezioni fino a quando i loro sistemi immunitari non saranno entrati pienamente in funzione. Questi anticorpi sono presenti nel latte materno solo per i primi due giorni, durante i quali possono essere assorbiti dal corpo dei cuccioli. Inoltre, mettiti d'accordo con il tuo veterinario per una prima sverminatura, perché i cuccioli possono essere infestati da questi parassiti anche da prima della nascita.

CONSIGLIO

- *Le cagne sono molto protettive verso i loro cuccioli e li sorveglieranno da vicino.*

Numero di cuccioli In genere una cucciolata canina è di circa sei cuccioli. Le razze toy di solito hanno meno figli, mentre le grandi ne hanno di più. Questo Alano ha avuto appena sei cuccioli.

Se il cane si ammala

Se il tuo cane sta male, te ne accorgerai quasi istintivamente, anche se non sta mostrando segni evidenti come il vomito. I sottili cambiamenti nel suo comportamento ti metteranno in allarme su un possibile problema, anche se la causa scatenante potrebbe non essere chiara.

ATTENZIONE

Se il tuo cane sta male rivolgiti subito a un veterinario e somministragli analgesici soltanto su sua indicazione.

Indicatori comuni

Le cause di cattiva salute nei cani sono varie, così come i sintomi, ma di solito si manifestano alcune avvisaglie comportamentali generali, a prescindere dalla malattia. È probabile che il tuo cane sia meno vivace e reattivo e meno impaziente del solito di mangiare o fare una passeggiata. Se è dolorante per un qualche motivo, quando lo tocchi potrebbe reagire ringhiando inaspettatamente e se continui potresti anche essere morso.

Occuparsene

Alcuni cani, e in particolare le razze toy, potrebbero comportarsi come se non stessero bene perché hanno imparato da esperienze passate che in questo modo ricevono più attenzioni dai loro padroni. Nella maggioranza dei casi, però, il cane sarà davvero ammalato e dovrai portarlo dal veterinario senza indugi. Stai attento quando tocchi un cane che soffre, perché potrebbe diventare aggressivo e fai attenzione nel prenderlo in braccio, dato che potresti essere morso facilmente. La cosa più sicura è mettergli una museruola adatta prima di provarci.

Dolore al piede Una certa riluttanza nel caricare il peso sulla zampa suggerisce che questo Jack Russell terrier potrebbe aver calpestato qualcosa d'affilato ed essersi ferito la pianta del piede, rendendo doloroso camminare. Gli artigli troppo lunghi, ben visibili nella zampa destra, dovranno essere accorciati.

ATTENZIONE

Valuta se assicurare il tuo cane per proteggerti da inaspettati costi veterinari.

Controlla il linguaggio del corpo

Grazie al linguaggio del corpo del tuo cane potrai capire quando non sta bene e magari anche quale parte del colpo sia stata colpita. Molti cani ammalati sembreranno piuttosto agitati e impauriti, con le orecchie portate indietro e la coda tenuta bassa, a volte con un aspetto ingobbito quando si muovono. Ciò potrebbe essere indice di dolore intestinale e, se la temperatura del cane dovesse salire, anche di una possibile infezione generalizzata. Oppure, potrebbe darsi che il tuo cane abbia inghiottito un "corpo estraneo", un comportamento piuttosto comune tra i cuccioli, che possono ingerire una grande varietà di oggetti.

Rassicurazione È bene rassicurare il tuo cane, a prescindere dalla sua condizione. Questo cane mostra chiaramente di essere impaurito.

Esempi di ferite

Il cane che si gratta e mordicchia intensamente è vittima di una irritazione, spesso associata a parassiti. La cosiddetta "allergia al morso della pulce" (vedi pagina 14) potrebbe essere la causa scatenante: basta un solo morso a innescare questo tipo di reazione. Nel caso in cui il cane abbia difficoltà a muoversi, con evidente zoppia, il problema potrebbe risiedere negli arti ma, allo stesso modo, potrebbe trattarsi di una ferita alla schiena. A causa dei loro lunghi corpi, i Bassotti sono particolarmente suscettibili all'ernia del disco e non dovrebbero mai essere incoraggiati a saltare su una sedia o a fare le scale, dato che queste attività aumentano il rischio che si facciano male. Tratta sempre il tuo cane con grande cura se perde l'uso delle gambe, trasportandolo in posizione orizzontale per evitare di aggravare il problema; ricordati che sarà inquieto, per cui agisci di conseguenza.

Riabilitazione Con il giusto trattamento, dovresti notare un miglioramento piuttosto rapido nella salute del tuo cane. Oggi, la riabilitazione da lesioni può includere corsi di idroterapia o manipolazione chiropratica, oltre alle pratiche veterinarie più tradizionali.

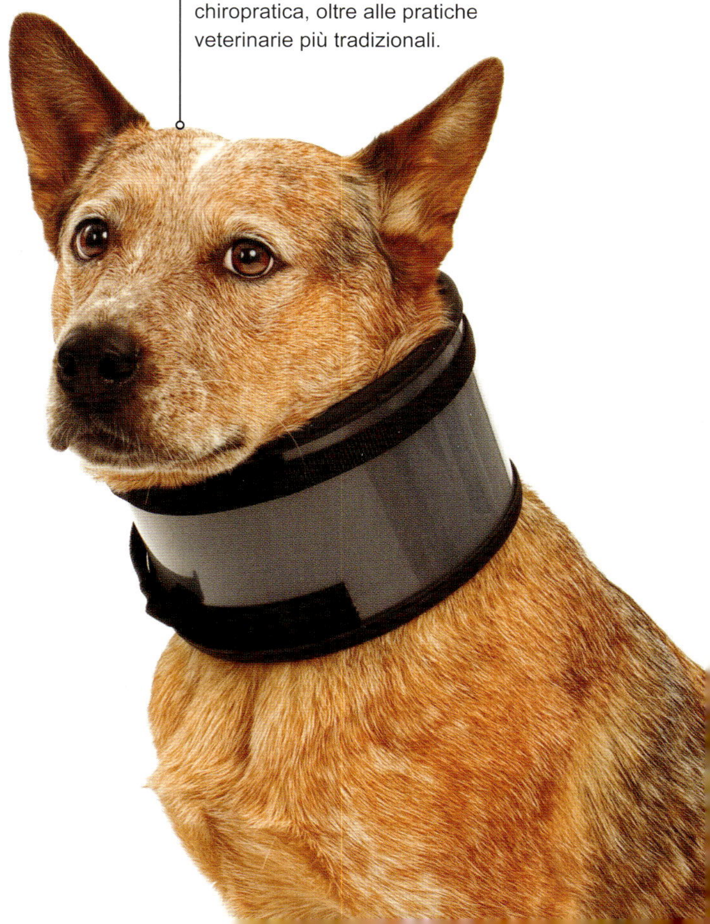

Accudirlo fino alla guarigione

Sono molti i modi in cui puoi aiutare il tuo cane a guarire, fornendogli le normali cure generali oltre che i trattamenti specifici prescritti. I cani amano essere rassicurati, per cui gli sarai di conforto parlandogli a voce bassa e accarezzandolo. Quando non sta mangiando abbastanza, puoi migliorare il suo appetito cucinandogli del cibo fresco, come il pollo, e offrendoglielo caldo (non rovente!) piuttosto che freddo. Proponendogli del cibo cucinato a mano potresti incoraggiarlo a ricominciare a mangiare, se è riluttante a farlo. Forniscigli una ciotola capiente in modo che possa bere facilmente e assicurati che possa uscire a fare i bisogni, altrimenti rischierebbe la costipazione dato che non vorrà sporcare in casa.

Il veterinario

Molti cani non amano andare dal veterinario e, una volta capito dove si trovano, proveranno probabilmente a trascinarti via o a fare resistenza. Questo comportamento è legato ai cattivi ricordi di visite precedenti, ma è possibile evitare che un cane sviluppi questa paura.

Esperienze positive

È molto più facile scongiurare questa paura nei cuccioli che nei cani adulti, la cui visione del mondo è ormai ben consolidata. Oggi, rispetto al passato, è molto più probabile che i cuccioli conservino dei buoni ricordi legati alle visite dal veterinario, dato che un numero crescente di studi organizza classi di socializzazione per cuccioli, nelle quali i cagnolini possono venire a giocare tutti insieme, e sessioni educative, nelle quali i padroni possono ottenere allo stesso tempo consigli e un check-up del loro cucciolo.

L'inizio dei problemi

Ci saranno, ovviamente, delle volte in cui il tuo cane avrà bisogno di un vero trattamento veterinario, magari una semplice vaccinazione di routine. Ricordati che il cucciolo si farà contagiare dal tuo stato d'animo e che se sei nervoso anche lui potrebbe impaurirsi e comportarsi male, specialmente se è stato spaventato da altri cani nella sala d'aspetto.

Difficile da capire La medicazione alla gamba fratturata di questo collie servirà a farlo stare meglio, ma non essendo in grado di comprenderlo, è probabile che tenterà di strappar via la fasciatura.

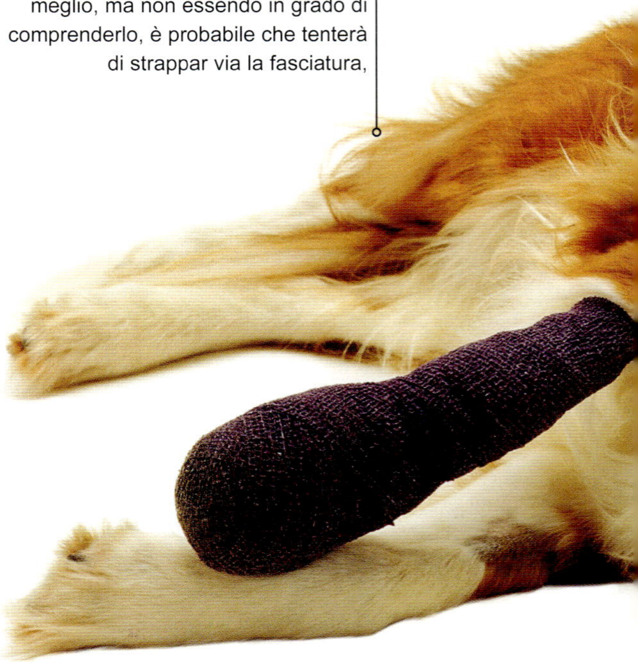

Infezione all'orecchio Questo cane viene medicato per un'infezione all'orecchio, una patologia comune che causa una forte irritazione.

Possibili problemi

I cuccioli sono piuttosto positivi di natura e il veterinario cercherà di non perdere questo vantaggio agendo nel modo più indolore possibile. In molti casi, i cuccioli non sentono niente quando vengono vaccinati nella pelle poco sensibile dietro il collo, né quando viene loro installato il microchip, fondamentale per scopi identificativi. I problemi potrebbero sorgere, tuttavia, se il tuo cane è già dolorante. Il tuo veterinario potrebbe consigliare una museruola temporanea per poterlo esaminare; renderà l'operazione meno rischiosa per tutti, anche se, a seconda delle condizioni del tuo cane, potrebbe essere necessario anche sedarlo.

Sedazione e anestesia

Sfortunatamente, i cani di solito non capiscono quando li stiamo aiutando, cosa che può causare problemi sia durante il trattamento che nella fase di guarigione. Tuttavia, esistono oggi strumenti molto efficaci per sedare e anestetizzare i cani e per alleviarne il dolore, che serviranno non solo a rendere l'intero processo meno stressante per il cane ma anche a somministrare il trattamento in maniera più efficace, senza avere a che fare con un cane che si dibatte e cerca di mordere e liberarsi. I cani si rimettono molto velocemente, anche dopo operazioni complesse.

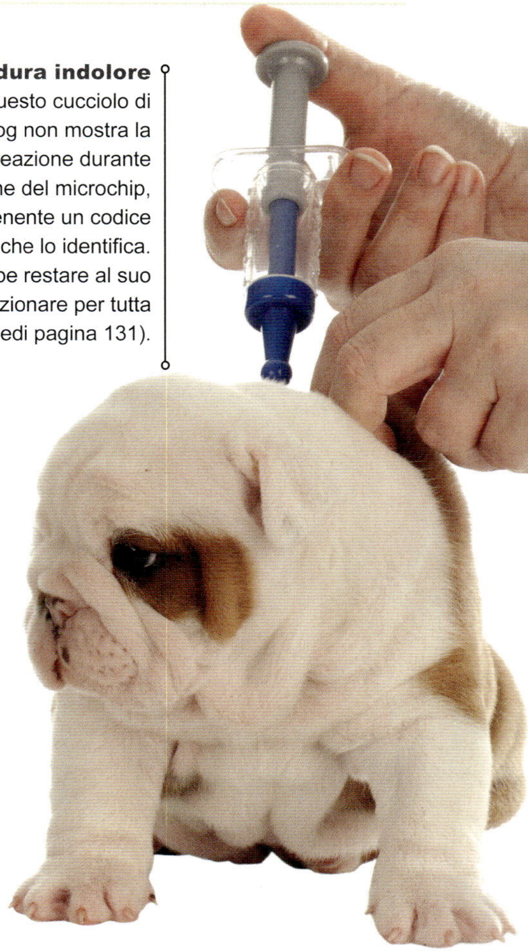

Procedura indolore
Questo cucciolo di Bulldog non mostra la minima reazione durante l'installazione del microchip, contenente un codice univoco che lo identifica. Dovrebbe restare al suo posto e funzionare per tutta la sua vita (vedi pagina 131).

ATTENZIONE

Segui le istruzioni per la somministrazione dei farmaci. Nascondine la presenza al cane mischiandoli al cibo.

Preservare la fasciatura
Preservare la fasciatura di un cane può essere difficile. Le bende possono essere protette ricorrendo a un ulteriore strato in plastica che impedisce al cane di rosicchiarle via.

Guarigione da un intervento chirurgico

Anche se il tuo cane deve essere ricoverato per un po', non preoccuparti: non si dimenticherà di te né mostrerà alcun risentimento duraturo per essere stato lasciato nella clinica veterinaria. I cani vivono molto alla giornata e il tuo sarà entusiasta di rivederti e di tornare a esplorare un ambiente che gli è familiare al vostro rientro a casa insieme. Per quanto sia eccitato, non dovresti incoraggiare il tuo cane a saltare e correre in giro subito dopo un intervento, a causa dei punti di sutura.

Il cane anziano

L'età in cui i cani vengono considerati "anziani" varia a seconda delle diverse aspettative di vita, che sono legate alle dimensioni. Un esemplare di una razza gigante quale l'Alano potrebbe essere considerato anziano a partire da sei anni, mentre un piccolo terrier non lo sarebbe per altri tre.

CONSIGLIO

- *Un cucciolo potrebbe dare nuove prospettive di vita a un cane più anziano, ma fai attenzione che giocando non gli faccia del male.*

Tutor Un cucciolo imparerà da un cane più anziano, per cui avere in casa un cane già ben addestrato renderà più facile educarne uno nuovo.

Lunghi artigli Questo Jack Russell ha gli artigli così lunghi perché da anziano cammina meno.

Segno ingannatore

Molti pensano che il segno più evidente dell'invecchiamento sia l'ingrigirsi del pelo attorno al muso, cosa particolarmente evidente nei cani neri; tuttavia, ciò potrebbe verificarsi anche in cani di appena due o tre anni d'età. Questa perdita di pigmentazione è comunque molto localizzata e assente in altre parti del corpo.

ATTENZIONE

Per i cani anziani è raccomandata una visita di controllo due o tre volte l'anno per scongiurare la presenza di problemi di salute latenti.

Ingrassare

Man mano che un cane invecchia, di solito farà meno movimento, ma continuerà a mangiare la stessa quantità di cibo. Di conseguenza inizierà a ingrassare, il che, a sua volta, metterà sotto maggior stress e tensione le sue articolazioni, riducendo ulteriormente il suo livello d'attività e innescando una spirale rovinosa. Un cane obeso sarà vulnerabile a una serie di problemi di salute associati, compresi un rischio maggiore di cardiopatia e diabete mellito. È quindi una buona idea farlo passare a una dieta "senior", che è più adatta ai suoi bisogni e contiene meno calorie, e monitorare il suo peso. Non dimenticare di diminuire anche i bocconcini premio, che possono essere un fattore significativo nell'aumento di peso.

Accaldato Questo Labrador retriever invecchiando è diventato piuttosto sovrappeso, cosa che lo mette a disagio negli ambienti caldi, dove è costretto ad ansimare più velocemente.

Processo graduale

Invecchiando, il comportamento del cane si modificherà gradualmente. Un cane più anziano non vorrà camminare tanto quanto prima, il che favorirà una crescita eccessiva degli artigli, che andranno tagliati. Potrebbero comparire segni di zoppia e problemi alle anche la mattina presto o dopo una passeggiata, situazioni in cui sembrerà dolorante. Gli occhi potrebbero annebbiarsi per la formazione di cataratte, ma di solito un cane riuscirà comunque a orientarsi. Anche l'udito potrebbe indebolirsi con l'età. Razze come il Carlino, caratterizzate da nasi schiacciati, potrebbero iniziare a respirare e russare più rumorosamente; poco può essere fatto per alleviare questo problema, anche se vale la pena chiedere al veterinario di verificare che non ci siano tumori nasali, un sintomo dei quali sono le ricorrenti perdite di sangue dal naso.

Età indecifrabile Questo Schnauzer gigante ha del pelo grigio attorno alle mascelle, un segno di vecchiaia. Molti cani mostrano pochi segnali estetici d'invecchiamento e rimangono attivi anche in tarda età.

Cambiamenti mentali

Distinguere tra deterioramenti fisici e mentali nel caso di un cane anziano è più difficile di quanto sembri. La riduzione della sua capacità uditiva, per esempio, potrebbe farlo sembrare apatico, dato che sarà incapace di riconoscere il suo nome, ma in realtà non è sintomo di un peggioramento delle facoltà mentali. Ugualmente, il fatto che un cane anziano sporchi in casa non è necessariamente un indizio di confusione mentale: forse soffriva troppo per riuscire a uscire. Tuttavia si può verificare un sostanziale deterioramento mentale nei cani più anziani, che si manifesterà probabilmente con ansia da separazione durante la notte. Un esemplare affetto da questo disturbo diventerà molto irrequieto se lasciato da solo in questo contesto, abbaiando ripetutamente. Un trattamento veterinario palliativo può aiutare in questo caso, così come delle rassicurazioni da parte tua, e potrebbe bastare lasciare accesa una lampadina a basso consumo per aiutarlo a superare le sue paure.

L'importanza dell'addestramento

I cani apprezzano una certa routine nelle loro vite quotidiane, con pasti e passeggiate che avvengono a orari del giorno prestabiliti, ma possono anche essere piuttosto adattabili quando le circostanze lo richiedono. La cosa fondamentale perché il tuo cane sia felice, qualsiasi siano le tue abitudini, è che lo addestri a seguire certi comandi di base.

Camminare al guinzaglio I cani vengono addestrati a camminare per bene al guinzaglio e a non tirare.

Promemoria Se sei in ritardo per la passeggiata, il tuo cane verrà ben presto a ricordartelo. Alcuni imparano persino a sollecitare il padrone portandogli il guinzaglio.

La necessità dell'addestramento

Ci sono alcune cose basilari che devi insegnare al tuo cane. Deve imparare a venire da te quando è chiamato, a sedersi a comando e a camminare ordinatamente al guinzaglio. Dovrà inoltre essere educato alla vita in casa e a lasciare gli oggetti quando gli viene chiesto di farlo (vedi pagina 33). Anche se è indiscutibile che da giovani tendono a imparare più velocemente, questo non vuol dire che i cani anziani non siano in grado di farlo. Se stai avendo delle difficoltà nell'addestrare il tuo cane, puoi cercare l'aiuto di un educatore professionista privatamente o iscriverti a un corso di addestramento. Prima cercherai aiuto, più rapidamente risolverai il problema.

Come insegnare

Anche se non sempre potrebbe sembrarti vero, il tuo cane sarà desideroso di avere la tua approvazione. L'addestramento è molto più fruttuoso se ricompensi il giusto comportamento con tanto incoraggiamento. Non rimproverarlo: minerai soltanto la sua fiducia in se stesso. Suddividi le sessioni d'addestramento in modo che siano relativamente brevi: in questo modo il cane imparerà in modo più efficace.

Consigli utili

È meglio procedere con l'addestramento in un ambiente relativamente tranquillo, per evitare che il cane si distragga: la sua concentrazione migliorerà. Procedi gradualmente, stando attento a non mettere troppa fretta al tuo cane. Una volta che ha imparato a sedersi, per esempio, puoi insegnargli a restare fermo.

Indipendenti per natura
Alcuni cuccioli sono per natura più obbedienti di altri. Gli Shar pei e i loro parenti stretti, i Chow Chow, possono essere più difficoltosi.

CONSIGLIO

- *Ci vogliono calma e coerenza per un addestramento efficace.*

Insegnamenti di routine

Cerca d'inserire un comando d'addestramento nella routine regolare del tuo cane, piuttosto che procedere a due o tre brevi sessioni d'addestramento ogni giorno. Per esempio, ordinagli fin da cucciolo di sedersi prima di poggiare a terra la sua ciotola con il cibo. Se non è un problema avere un piccolo cucciolo che saltella in giro, un Alano adulto che ti salta addosso per ricevere un boccone di cibo può diventare pericoloso.

Legare

È bene ricordare che l'addestramento ha lo scopo non solo di incoraggiare un buon comportamento nel cane, ma anche di darvi l'opportunità di arricchire il vostro rapporto, rendendo più profondo il legame tra te e il tuo cane. In tal senso, è importante che anche altri membri della famiglia aiutino con l'addestramento, in modo che il cane non finisca per focalizzarsi solo su di te e sulle tue indicazioni.

ATTENZIONE

Scegli un luogo tranquillo e lontano dalla strada per lasciare libero il tuo cane per la prima volta.

L'agility

È difficile trovare qualcosa di più eccitante delle gare di agility, sia da concorrente impegnato a correre con il tuo cane che da spettatore. Possono partecipare sia cani di razza pura che incroci, che gareggiano su un percorso variabile affrontando ostacoli che devono essere superati nel più breve tempo possibile.

Ostacoli I cani che prendono parte alle gare di agility devono affrontare diversi tipi di ostacoli.

Origini della competizione

L'idea di disputare gare canine d'agility fu messa in pratica per la prima volta a fine anni Settanta al famoso Crufts dog show, tenuto a Londra. I primi tracciati erano progettati per assomigliare ai percorsi a ostacoli per cavalli; da allora, si è diffuso fino a diventare uno sport mondiale. Non esiste un percorso standard e le varie organizzazioni coinvolte operano secondo le proprie regole, con i cani che potrebbero essere suddivisi in base alla taglia, oltre che a seconda dell'esperienza. Lo scopo generale è quello di completare il percorso il più velocemente possibile, con un numero minimo di errori. Le penalità possono essere comminate per aver mancato o abbattuto degli ostacoli e per essere stati troppo lenti.

SLALOM

È uno degli ostacoli più difficili da padroneggiare per un cane in un percorso d'agility. Deve entrare tenendo il primo palo sulla sua spalla sinistra e quindi procedere a zigzag tra tutti i rimanenti in sequenza, senza saltarne nessuno. Possono essercene fino a una dozzina, distanti tra loro all'incirca 51 cm.

L'inizio dell'addestramento

Anche se l'addestramento inizia spesso con i cani giovani, è molto importante cominciare direttamente con l'equipaggiamento standard, riducendo e regolando l'altezza dei salti, per esempio, in modo che il cane non si faccia male. Pur essendo possibile istruire il cane a casa, è più comune per gli aspiranti concorrenti alle gare di agility iscriversi a un club locale, dove possono beneficiare dell'assistenza di membri più esperti. Dato che dovrai correre a fianco del tuo cane dandogli istruzioni, e che il tipico percorso d'agility si estende su un'area di 30x30 metri, potresti avere bisogno di allenarti per essere sicuro di tenere il passo. È anche fondamentale che familiarizzi con la struttura del percorso prima della competizione.

Pause per riprendere fiato

Un percorso d'agility è formato da una grande varietà d'ostacoli. Non è detto che sia tutto basato sulla velocità, perché potrebbe esserci anche un tavolo di pausa su cui il cane deve riposarsi, di solito per 5 secondi, sdraiandosi o mettendosi seduto.

Rampe e assi

Gli ostacoli da scalare sono parte integrante di un percorso d'agility. Esistono la palizzata, composta da due rampe disposte a formare una A, e la passerella, che consiste in un'asse rialzata con altre due che portano su e giù dalla prima. Ci sono anche i crossover, che consistono in una serie di assi che portano su e giù da una piattaforma: il cane deve percorrere la giusta accoppiata a seconda del tipo di competizione. Ancora più difficoltosa è la bascula: il cane sale da un lato di questa lunga tavola finché il suo peso non la fa abbassare dall'altro e può correre giù. I cani più piccoli ci impiegano di più a far inclinare quest'asse dato che pesano meno, per cui viene loro dato del tempo aggiuntivo per completare il percorso.

Tunnel

Il tunnel è l'ostacolo preferito dai terrier. Può essere di tipo rigido, con il cane che può attraversarlo facilmente, procedendo in linea retta o curvando, oppure di tipo morbido, composto da un telo steso per terra, in modo che il cane debba strisciare e scavare per raggiungere l'uscita.

Salti

La disposizione delle sbarre nei salti è variabile. Possono essere disposte una sopra l'altra o inclinate, creando un salto lungo. In alcuni casi le barre possono essere rimpiazzate da un pannello che si estende dal terreno. La sua altezza viene regolata a seconda della taglia del cane.

Pneumatico
Il concorrente canino deve saltare attraverso un cerchio: il centro del pneumatico, in questo caso.

Il comportamento in viaggio

Le nostre vite sono cambiate e viaggiamo di più e lo stesso è successo ai nostri più fedeli amici. Quando prendiamo un aereo, una nave, o facciamo un viaggio in macchina, spesso i nostri cani ci accompagnano e, a seconda dell'ambiente in cui li portiamo, potrebbero reagire diversamente da come fanno a casa.

Le razze piccole sono più vulnerabili Cani piccoli come questo Shih tzu avranno maggiori problemi a nuotare in forti correnti e potrebbero trovarsi facilmente in difficoltà in acqua.

Prevenire Il benessere dei cani è sempre più salvaguardato. Per esempio esistono giubbotti di salvataggio per cani che devono affrontare viaggi in barca, nel caso cadano in acqua. La maniglia presente sulla schiena, qui raffigurata, serve a tirarlo fuori dall'acqua facilmente.

Viaggio in macchina

Alcuni cani non amano viaggiare in macchina, ma se provvedi da subito e con regolarità a far familiarizzare il tuo con quest'esperienza, avrai pochi problemi, o nessuno. Questo perché i cani sono molto adattabili, tanto che anche un esemplare che non è stato abituato a viaggiare in auto fino a tarda età finirà per abituarsi, anche se questo processo potrebbe richiedere più tempo che in un cane giovane.

Come succede alle persone, anche i cani possono soffrire di mal d'auto come risultato delle sensazioni inconsuete che sperimentano. Questa fase dovrebbe passare presto, comunque, e dovresti essere in grado di prevenirla del tutto portando fuori il cucciolo per brevi tragitti in macchina anche prima che possa uscire per le passeggiate a piedi.

Evita di dargli da mangiare prima di uscire – farlo aumenta il rischio che possa rimettere – e poi tienilo rinchiuso in una gabbia adatta, in modo che non possa girovagare per la vettura e che, se dovesse vomitare, sia molto più facile pulire, senza alcun danno per la tappezzeria della macchina.

PERICOLI IN MACCHINA

Quando viaggi con il tuo cane devi badare anche alla sua sicurezza. Anche se a molti cani piace mettere la testa fuori dal finestrino della macchina quando è in movimento, non permettere al tuo di farlo, perché l'alta velocità può causare problemi agli occhi. Inoltre se cerca di spingersi ancora di più fuori dal finestrino potrebbe distrarti per un attimo, causando un serio incidente. C'è anche il rischio che possa essere colpito da una macchina che passa troppo rasente alla tua.

Pericoli in acqua

Un cane che non ha consuetudine con l'acqua potrebbe andare rapidamente in difficoltà durante un bagno a mare, a causa di correnti improvvise o onde particolarmente grandi. Per un cane, inoltre, le meduse possono essere un pericolo ancora maggiore di quanto lo siano per noi, dato che con tutta probabilità cercherebbe di morderle, rischiando addirittura uno choc anafilattico. Il paesaggio potrebbe avere in serbo altri pericoli che il tuo cane non può prevedere, dai fiumi impetuosi al ghiaccio sottile che ricopre gli stagni d'inverno e che potrebbe rompersi sotto il loro peso. Ricorda che il tuo cane si comporterà come farebbe a casa e quindi prendi le necessarie precauzioni.

ATTENZIONE

Non lasciare mai il tuo cane da solo in una macchina chiusa, la temperatura può salire in pochi minuti a un livello fatale.

Tenere al sicuro il tuo cane

È fondamentale poter tener rinchiuso al sicuro il tuo cane, soprattutto quando viaggi in macchina. Un cane non capirà il pericolo che comporta distrarre un guidatore e in caso d'incidente, se non è correttamente protetto, è più probabile che si ferisca gravemente, per esempio venendo proiettato contro il parabrezza. Reti per cani, trasportini per cani piccoli che possono essere usati fuori e dentro la macchina o persino cinture di sicurezza per cani sono tutte possibilità da valutare.

Prevenire i pericoli

È sempre importante provare a prevenire i possibili rischi per il tuo cane, soprattutto quando stai andando in un posto molto diverso da casa. In nuovi ambienti, anche un cane più anziano può essere in pericolo, magari perché incontra animali pericolosi, come serpenti velenosi, con i quali non ha familiarità. Anche se i cani più anziani sono più cauti dei cuccioli – ed è meno probabile che corrano incontro a un serpente quando ne vedono uno per la prima volta, per esempio – c'è sempre un elemento di pericolo, perché il comportamento dell'altro animale è imprevedibile. Fai molta attenzione al tuo cane, richiamalo quando si allontana e se necessario mettigli il guinzaglio.

Neve Questo Fox terrier a pelo duro si è imbattuto per la prima volta nella neve ed è eccitato, ma l'accumulo di neve ghiacciata sul suo mantello può causargli dei problemi, facendolo gelare. Con temperature così basse un cappottino è l'ideale per la maggior parte dei cani.

La vita nella cucciolata

Giocattoli per cuccioli

I cuccioli giocano

Interazione con i cani più anziani

Il mondo esterno

Masticare

Lasciare la cucciolata

Giovane dentro

Capire il tuo cucciolo

Cuccioli appena nati

Il *tail-chasing*

Prova di forza

Nervosismo

Placare le paure

I cuccioli crescono

La vita nella cucciolata

Nel periodo che i cuccioli trascorrono con i fratellini e la madre imparano a conoscere la gerarchia del branco, un concetto che governerà la loro vita anche quando lasceranno la loro famiglia e che regolerà il modo in cui si comporteranno e interagiranno con il mondo.

CONSIGLIO

- *Non preoccuparti se la madre è piuttosto rude con i suoi cuccioli: un buon controllo della prole serve a tenerla al sicuro.*

Gioco duro

Una volta vicini allo svezzamento (vedi pagina 80), i cuccioli iniziano a diventare più vivaci e molto vogliosi di giocare, tra di loro e con la madre. I cuccioli usano la bocca per esplorare una varietà di oggetti e spesso giocano piuttosto rudemente tra loro. La presenza di denti sorprendentemente aguzzi significa che possono infliggere un morso doloroso durante il gioco, anche se è una cosa del tutto involontaria.

Imparare attraverso il gioco I cuccioli sviluppano la loro agilità e coordinazione giocando tra loro. Qui, un giovane West Highland white terrier sale sopra un fratellino.

Imparare a conoscere la propria forza

Anche se i cuccioli arrivano raramente a ferirsi giocando, uno di loro strillerà di dolore e si allontanerà mugolando dallo scontro se si è fatto male. Nel giro di poco tempo, forse come risultato dell'essere stati morsi dagli altri cuccioli, i piccoli imparano a conoscere la loro forza e regolano di conseguenza il loro modo di giocare. In determinate parti del corpo un morso è più doloroso e una delle più sensibili è la punta del naso: quest'area del corpo nel cane ha infatti una grossa concentrazione di terminazioni nervose, dato che serve a percepire gli odori. Le aree maggiormente esposte, come le orecchie e la punta della coda, sono quelle più spesso afferrate da un altro cucciolo durante il gioco. I piccoli potrebbero anche lottare tra loro con le zampe e i loro artigli taglienti potrebbero infliggere graffi dolorosi sulle loro pance esposte.

Pazienza da madre Questa madre (una Staffordshire bull terrier) è sotto il doloroso attacco di due suoi cuccioli, di sole sei settimane. Mentre uno ha preso di mira il suo naso, l'altro le sta mordendo la pelle del collo.

Famiglie con più cani

Anche se le cagne madri tendono a essere le più tolleranti verso i propri cuccioli, anche altri cani della casa potrebbero essere ben disposti verso di loro. Tuttavia non c'è alcuna garanzia in proposito, per cui è essenziale una stretta sorveglianza quando i cuccioli sono attivi. Una volta cresciuti potrebbero verificarsi dei momenti critici, specie durante i pasti. L'ideale in questi frangenti è separare i cani, perché se l'esemplare più giovane cerca di prendere il cibo di quello più anziano potrebbe causare una risposta aggressiva. Dopo un episodio di questo tipo, tuttavia, i cuccioli di solito imparano a non "autoinvitarsi" e ad aspettare di mangiare in un secondo momento. Un comportamento simile è riscontrabile nei branchi di lupi, nei quali dopo un'uccisione il cibo viene diviso tra i membri; i membri più giovani del branco di solito aspettano che quelli più anziani abbiano finito prima di potersi nutrire.

Incontri con sconosciuti

Durante le loro prime passeggiate, i cuccioli possono diventare piuttosto eccitabili. Se due cani di questa età si incontrano, di solito giocheranno insieme senza problemi. Ma se un individuo più grande non vuole essere disturbato, allora è probabile che emetta un ringhio d'avvertimento, prima di cacciar via il cucciolo piuttosto aggressivamente.

Un messaggio risoluto I cuccioli devono essere corretti fermamente dalla madre se non si astengono da comportamenti per i quali erano stati già rimproverati.

Ristabilire le gerarchie La madre sente la necessità di dare un forte avvertimento al suo cucciolo, che è ora ben cresciuto, afferrando le mascelle del cucciolo nelle sue e tenendole chiuse. In questo modo comunica un messaggio molto chiaro sulla sua maggiore forza e più alto grado sociale nella gerarchia canina.

Cuccioli appena nati

Anche se alla nascita hanno gli occhi chiusi e non sono in grado di sentire, i cuccioli sono in grado di ottenere subito esattamente ciò di cui hanno bisogno per sopravvivere: cibo e calore.

Apertura degli occhi
I cuccioli aprono gli occhi dopo circa dieci giorni.

Madre vigile
Se uno dei suoi piccoli si allontana, questa madre Dalmata lo recupererà, sollevandolo gentilmente e portandolo in bocca.

Movimento I cuccioli hanno una capacità di movimento molto limitata all'inizio, ma cominceranno a nutrirsi entro mezz'ora dalla nascita e diventeranno gradualmente più atletici.

In cerca di calore

I cuccioli perdono calore molto facilmente, in parte perché hanno un'ampia superficie corporea in rapporto al volume, e rispetto ai cani adulti sono anche incapaci di regolare il loro calore corporeo con efficacia. Non possono tremare – un riflesso istintivo che genera calore negli adulti – né possono alzare la loro pelliccia per intrappolare l'aria vicino alla pelle, che viene poi riscaldata dal calore del corpo e fornisce isolamento. Questa vulnerabilità al freddo è il motivo per cui i cuccioli appena nati dormono tutti insieme: in questo modo aggirano la loro tendenza a perdere calore velocemente. Se poi i cuccioli hanno troppo caldo, rotolano via dal mucchio.

Mugolio

I cuccioli possono comunicare vocalmente fin da piccoli. Hanno un richiamo "mugolante" molto particolare, che è udibile soltanto da brevi distanze; lo scopo di questo richiamo è attirare l'attenzione della loro madre, che probabilmente si trova nei paraggi. Questo tratto è ereditato dai lupi ed è legato alla sopravvivenza: il richiamo è difficilmente udibile da potenziali predatori e quindi non compromette la sicurezza dei giovani cuccioli. Quando è in cerca della madre, di solito il cucciolo alza leggermente la testa; se non riesce a trovarla, allora inizierà a lamentarsi leggermente più forte fino a che la madre non lo sentirà.

ATTENZIONE

Se un cucciolo sembra inquieto e gira intorno alla madre senza iniziare a poppare, potrebbe indicare che non si sta nutrendo bene.

Ordine I cuccioli si ammucchiano uno sopra l'altro per raggiungere le mammelle della madre. Molte cagne ne hanno otto, ma potrebbero produrre latte soltanto da sei. I cuccioli più grandi di solito si attaccano alle mammelle posteriori, ma non c'è un rigoroso ordine di alimentazione, che dipende anche da quanti cuccioli si nutrono alla volta.

PERCEZIONE DEL CALORE

I cuccioli alla nascita sono ciechi e sordi, ma in grado di individuare il calore del corpo della madre o dei fratellini. In una cucciolata appena nata, quando un membro si sposta per nutrirsi di solito è seguito da tutti gli altri.

I cuccioli crescono

Crescendo, i cuccioli iniziano a muoversi di più in giro e a esplorare le immediate vicinanze, oltre a interagire maggiormente tra loro. Per i cani selvatici questa è una fase cruciale, dato che li aiuta ad acquisire alcune abilità essenziali per la loro sopravvivenza.

L'ora dello svezzamento

Nel caso dei cani domestici, all'inizio è la madre ad accudire i cuccioli, crescendoli da sola e restando sempre presente per le prime tre settimane della loro vita, al termine delle quali inizieranno a essere più mobili. Permetterà loro di continuare a poppare su richiesta fino all'età di circa sei settimane, passate le quali sono pronti per essere svezzati e passare al cibo solido. Dalla sua prospettiva, questo avviene quando i cuccioli iniziano a mettere i primi denti e allattare diventa doloroso. Impedendo loro di attaccarsi, innesca un rallentamento nella sua produzione di latte, che infine si interromperà.

ATTENZIONE

Se la madre è riluttante a lasciar poppare i suoi cuccioli potrebbe avere un'infiammazione alle ghiandole mammarie, un sintomo di mastite.

Ora basta Una volta che questa femmina di Cavalier King Charles spaniel ne ha avuto abbastanza di allattare i suoi cuccioli, si limiterà ad allontanarsi.

Rigurgito

Con il cessare della produzione di latte, la madre inizierà ad adottare quello che potrà sembrare un comportamento piuttosto preoccupante, ma che servirà ad aiutare i cuccioli a digerire il cibo solido. La cagna mangerà normalmente il suo cibo e tornerà dai cuccioli, all'apparenza in salute. Senza alcun preavviso, inizierà a emettere conati, rimettendo il suo pasto. Questa operazione è eseguita deliberatamente vicino ai cuccioli.

Aiutare la digestione

I cuccioli iniziano a ripulire il disastro, mangiando il cibo rigurgitato e parzialmente digerito. Per quanto questo comportamento possa sembrarci sgradevole, è normale per i cani domestici e comune anche tra quelli selvatici. Agendo in questo modo, la cagna sta in realtà aiutando i cuccioli a iniziare a digerire il cibo solido, che è stato in parte già scomposto dal suo sistema digerente.

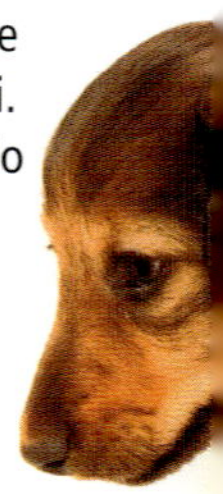

Ottenere l'indipendenza Quando sono pronti, i cuccioli iniziano a esplorare le immediate vicinanze e ad allontanarsi dalla madre. Se un cucciolo dovesse incontrare delle difficoltà, però, emetterà un richiamo per attirarla a sé (vedi pagina 79).

Crescere

Tutti i cuccioli sono di taglia simile alla nascita, che siano Chihuahua o Alani, ma poi c'è una marcata differenza nel loro tasso di crescita, con le razze più grandi che crescono più velocemente in proporzione. Qualunque sia la razza, di solito ci vogliono almeno 18 mesi prima che un cane sia del tutto cresciuto.

Stretti legami

Quando i cuccioli crescono, i legami stabiliti durante i primi mesi di vita rimangono. Se stai pensando di prendere due cani, ecco una buona ragione per sceglierli della stessa cucciolata. Osservando da vicino il loro comportamento, ti accorgerai che uno dei due è più energico dell'altro; non sarà un problema, anzi: in questo modo la gerarchia del branco è già stata stabilita e non sarà messa in discussione in seguito. Fare familiarizzare due cuccioloni che non si conoscono già richiedere invece un periodo di adattamento per tutti, incluso te.

Carattere emergente

Molte persone al momento della scelta cercano di cogliere le caratteristiche caratteriali di ogni cucciolo ma, in realtà, le differenze tra loro non saranno molto marcate in questa prima fase di vita. Molto dipenderà da quando un cucciolo ha dormito o mangiato per l'ultima volta: entrambe queste attività influenzeranno il suo comportamento e, quindi, il carattere mostrato nel momento in cui viene visionato. I cuccioli maschi possono essere a volte un po' più sfacciati e assertivi delle femmine. A lungo andare le esperienze che un cane vivrà crescendo avranno un peso molto maggiore nel formare il suo carattere.

Ci vuole tempo Non preoccuparti se i cuccioli sembrano goffi e hanno difficoltà a stare in piedi, hanno bisogno di tempo per sviluppare la coordinazione. Ci metteranno un po' anche a riconoscere i loro nomi: probabilmente ci riusciranno solo dopo lo svezzamento. Questa cucciolata di Bassotti ha diverse settimane.

I cuccioli giocano

Il comportamento dei cuccioli cambia man mano che crescono: all'inizio sono caratterizzati dalla loro giocosità, unita ad alti livelli d'energia. Il gioco ha un ruolo essenziale nell'addestramento e dovrebbe essere incoraggiato, ma resta vigile per scongiurare eventuali pericoli.

Periodo pericoloso

I cuccioli hanno una natura giocosa e curiosa, che permette loro di ottenere informazioni sul mondo che li circonda attraverso la sperimentazione e l'esplorazione. Tuttavia, non possiedono la cautela istintiva di un cane adulto e ciò può metterli in pericolo. Non è una coincidenza che siano soprattutto i cuccioli a correre il rischio di essere morsi da un serpente, di solito perché si avvicinano troppo a questi rettili. I cuccioli sono anche più inclini a masticare e inghiottire oggetti che potrebbero causare un'occlusione interna; se inghiottono oggetti come calzini e collant, per esempio, potrebbero avere bisogno di un intervento chirurgico. Fai attenzione anche ai giocattoli, perché se troppo piccoli potrebbero far soffocare il tuo cucciolo.

Cosa c'è là fuori?
Questi cuccioli di Papillon sono curiosi e attenti, vogliosi di conoscere meglio ciò che li circonda.

Giocare alla lotta

Sulla destra puoi vedere una lotta giocosa tra due giovani cuccioli di Labrador retriever, i quali si stanno mandando a vicenda messaggi sia visivi che sonori. Anche a questa età i cuccioli sono capaci di infliggersi ferite serie lottando tra loro, ma è una cosa che accade molto raramente. In questa fase sono più che altro impegnati a mettere alla prova le loro rispettive forze, sfidandosi in questo tipo di gioco, molto faticoso per loro. Dopo uno sforzo del genere, è probabile che entrambi i cuccioli cadano velocemente addormentati.

Uno scopo utile
Giocare alla lotta non è solo divertente, ma aiuta anche i cuccioli come questi Labrador retriever a migliorare la loro agilità e coordinazione.

Voglia di giocare

Proprio come gli adulti, anche i cuccioli comunicano sia verbalmente che visivamente, anche se ci sarà una diversa enfasi sul tipo di comunicazione usata da un cucciolo rispetto a un cane più anziano. Per esempio, la natura giocosa dei cuccioli si riflette sul fatto che usano frequentemente l'inchino per invitare al gioco, sia con il padrone che con altri cani che conoscono bene. Si abbassano stendendo le zampe anteriori e alzando il posteriore. Se viene lanciato un giocattolo, il cagnolino si lancerà subito all'inseguimento.

ATTENZIONE

Non lanciare mai un bastone al tuo cane perché lo riporti, perché se inciampa può trafiggersi il palato o la lingua.

Equilibrio di forze Il cucciolo che sta sopra sta cercando di mantenere la sua posizione e tenere inchiodato a terra il compagno, che a sua volta sta provando a riprendere l'iniziativa e a far perdere l'equilibrio al fratellino per poi rotolargli sopra.

Sicuro da mordere I cuccioli amano masticare oggetti, anche quelli potenzialmente pericolosi come i cavi elettrici. Tieni al sicuro il tuo cucciolo procurandogli tanti oggetti innocui da mordere.

Ansioso di giocare I Boxer sono tra le razze più vivaci e sono sempre pronti a divertirsi. È chiaro come questo giovane esemplare sia desideroso di giocare.

Lasciare la cucciolata

Anche se i cuccioli sono piuttosto timidi la prima volta che vengono separati dalla madre e dai fratellini, sono molto adattabili per natura e si inseriranno con relativa velocità in un contesto non familiare, soprattutto una volta che si saranno abituati alla nuova routine.

L'inserimento

Puoi aiutare il tuo nuovo cucciolo ad ambientarsi e a prendere fiducia adottando un tono positivo quando lo chiami: i cuccioli sono infatti entusiasti per natura e si faranno influenzare dal tono della tua voce. Dovrai però cercare di trovare un equilibrio e non lasciare che il tuo cane diventi troppo sicuro di sé, altrimenti potresti ritrovarti in una situazione nella quale il cucciolo ignora i tuoi ordini e si mette in una situazione pericolosa. Ecco perché è così importante procedere subito a un addestramento di base (vedi le pagine 68-69), soprattutto per insegnare al cucciolo il richiamo (vedi pagina seguente). In questo modo se, per esempio, vedi che il tuo cane sta per attraversare la strada senza di te, puoi richiamarlo e metterlo al sicuro.

Fiducioso e cauto Questo cucciolo sembra fiducioso e vigile, con le orecchie in avanti, ma la coda leggermente penzolante fa pensare che forse no lo sia del tutto.

ATTENZIONE

Un cucciolo deve affrontare molti potenziali pericoli, per cui tienilo sempre d'occhio, soprattutto quando inizi a portarlo a passeggio fuori.

Convivere con altri Se hai altri animali domestici, il nuovo cucciolo dovrà imparare a conviverci. Questo cagnolino corre il rischio di essere graffiato dal gattino, un errore che difficilmente ripeterebbe.

Rispondere al richiamo

All'inizio, il nome che hai scelto per il tuo cucciolo avrà senso solo per te, ma con il tempo e la pratica anche lui imparerà velocemente a riconoscerne il suono. Per evitare confusione, non usare lo stesso nome anche per un altro membro della famiglia. Richiamalo a te regolarmente per tutto il giorno, sia quando siete nella stessa stanza che per farlo venire da un altro punto della casa, e fai lo stesso anche in giardino: i cuccioli imparano meglio con la pratica. Devi raggiungere un punto in cui il cucciolo viene da te quasi istintivamente quando lo chiami. Quando addestri un cane, ricorda che la sua razza potrebbe fare la differenza su quale tecnica funzionerà meglio, mentre fattori come la coerenza e la ripetizione sono molto importanti per tutte.

Scontro di volontà Questo giovane cucciolo di Cavalier King Charles vuole fare di testa sua quando si tratta di camminare al guinzaglio. Sta tirando nella direzione opposta a quella che il padrone vorrebbe che prendesse.

Troppo sicuri di sé Bull terrier inglesi come questo possono essere troppo presuntuosi nei rapporti con altri cani, cosa che a volte può portare a uno scontro.

Problemi di fiducia durante l'addestramento

Durante il processo d'addestramento, la fiducia in se stesso di un cucciolo può rivelarsi un'arma a doppio taglio se decide di non voler collaborare. Non c'è motivo di arrabbiarsi quando il cucciolo non riesce a rispondere in maniera adeguata, perché magari il problema è che non è sicuro di cosa gli venga richiesto di fare. Inoltre, non devi minare la sua fiducia: limitati a ripetere la procedura d'addestramento. Una chiave di successo nell'addestramento – e nel mantenere alta la fiducia del tuo cucciolo – è non prolungarlo troppo. Sessioni brevi e frequenti sono molto meglio di una maratona. Continua a ripassare le basi e a costruire su quello che il cucciolo ha già imparato.

Razze troppo sicure di sé

Alcune razze sono per natura più sicure di sé di altre, con il Bull terrier inglese (a sinistra) che è un tipico esempio di cane "presuntuoso". Quest'attitudine può causare difficoltà nell'addestramento, dato che il cane potrebbe mostrare una vena fortemente indipendente. Molti cani da guardia, come le varie razze di tipo mastino, sono molto determinate per natura, fattore da tenere in considerazione quando le si deve addestrare.

Il mondo esterno

All'aperto un nuovo mondo da esplorare attende il tuo cucciolo, ma meglio tenerlo rinchiuso in giardino finché non avrà completato le vaccinazioni. In questo ambiente avrai l'opportunità di proseguire e intensificare le sessioni d'addestramento.

Addestramento in casa

Il tuo cucciolo dovrebbe prendere familiarità con il giardino fin dall'inizio: portarlo fuori a intervalli regolari è infatti una parte cruciale dell'addestramento in casa. Se sei in grado di capire quando sta per fare i bisogni e di portarlo fuori in tempo, allora potrai limitare al massimo fin dall'inizio le volte in cui dovrai pulire in casa. In questo modo il cane imparerà prima a chiederti di andare fuori quando ne ha la necessità, cosa per la quale altrimenti ci vorrebbero diversi mesi.

Stabilire una routine

Inizia a impostare una routine incoraggiando il tuo cane ad andare in giardino come prima cosa la mattina e quindi di nuovo a ora di pranzo, nel tardo pomeriggio e durante la sera, prima di portarlo fuori per un'ultima volta appena prima di andare a letto. Cerca di incoraggiarlo a fare i bisogni soltanto in un'area del giardino, preferibilmente su una superficie dura, in modo da poter pulire e disinfettare l'area facilmente.

Sfogarsi Il giardino è il luogo ideale in cui i cuccioli possono sfogarsi e consumare parte della loro energia in eccesso.

Giocattoli idonei Quando si tratta di giocattoli, i cuccioli hanno la tendenza a improvvisare, soprattutto se non ne hanno a disposizione. Per garantire la loro sicurezza, cerca di fornire loro una serie di giocattoli che sai essere innocui.

Insegnamenti in giardino

Se disponi di un prato abbastanza grande, puoi iniziare a insegnare al tuo cucciolo a recuperare i giocattoli che gli tiri, spingendolo a riconsegnarteli (vedi pagina 32). E una volta che si è abituato al collare – ci vogliono giusto un paio di giorni – puoi iniziare a insegnargli a camminare al guinzaglio. È un'operazione che si può fare facilmente in giardino con poche distrazioni, specie se hai una recinzione o muro da sfruttare per farlo camminare in linea retta. Non sorprenderti se, all'inizio, il tuo cucciolo si rotolerà per terra e cercherà di masticare il guinzaglio, è una cosa piuttosto comune. In breve tempo capirà come comportarsi, anche se potrebbe ancora tirare in direzioni diverse quando percepisce degli odori interessanti.

Tocco gentile
Questo Labrador retriever si sta divertendo a mordicchiare un giocattolo. Se vuoi recuperarlo, non tirare, perché potresti ferirlo alla bocca. Invece, insegnagli a lasciarlo su richiesta (vedi pagina 33).

CONSIGLIO

- *I cuccioli possono mostrarsi più reattivi all'addestramento in alcuni giorni e meno in altri.*

Incontri con la fauna selvatica

Sfortunatamente, i cuccioli non sono sempre consapevoli dei pericoli in agguato nei giardini, con le serie conseguenze che possono derivarne. Nei periodi caldi, i cuccioli potrebbero cercare di mordere vespe e api, non capendo il rischio di essere punti. Una puntura nella bocca, soprattutto se in prossimità della gola, può essere molto pericolosa perché il tessuto si gonfierà, impedendo al cucciolo di respirare; se il tuo cane dovesse avere delle improvvise difficoltà di respirazione dopo aver giocato fuori, contatta subito un veterinario. Cerca di tenere aperta a ogni costo una via respiratoria, seguendo i suoi suggerimenti.

C'è da preoccuparsi anche nel caso in cui il cane abbia la schiuma alla bocca, perché potrebbe aver afferrato una rana in giardino. Le rane secernono infatti sostanze tossiche dalla pelle per proteggersi da possibili predatori, sostanze che potrebbero essere responsabili dell'eccessiva salivazione del cucciolo. Ancora una volta, rivolgiti subito a un veterinario. I cuccioli tendono a imparare velocemente da esperienze di questo tipo ed è probabile che smetteranno di interferire con queste creature in futuro. Informati su altri possibili pericoli nell'area in cui vivi.

Giocare da solo Questo giovane Beagle gioca con una palla. Le orecchie sono spinte in avanti e la coda è alzata, così come la zampa anteriore. I cuccioloni potrebbero giocare da soli. Assicurati soltanto che la palla sia troppo grande per essere inghiottita.

Nervosismo

Il linguaggio del corpo di un cucciolo nervoso è molto diverso da quello di uno sicuro di sé. È importante fare attenzione ai fattori che possono far innervosire un cucciolo altrimenti ben equilibrato e, quando possibile, bisogna incoraggiare un cane a superare le sue paure.

Il nervosismo nei cani più anziani
Anche i cani più anziani possono diventare inquieti, spesso a causa di cattive esperienze passate, e i trovatelli che sono stati vittima di maltrattamenti richiederanno molta comprensione. Questo cane è palesemente incerto, con un orecchio tirato indietro e lo sguardo inquieto.

Ansia notturna

I cuccioli tendono a inquietarsi quando vengono separati dal loro gruppo familiare. Inizialmente, mentre sei ancora nei dintorni, il cucciolo mostrerà pochi segni di nervosismo, se non nessuno. Ma le cose possono cambiare quando lo lasci da solo per andare a dormire. In questo caso, mostrerà la sua angoscia guaendo ripetutamente per essere rassicurato. Questa è l'unica situazione di questo tipo in cui il miglior consiglio è di ignorarlo, dato che finirà per calmarsi. Se cedi e cerchi di confortarlo, questo scenario si ripeterà ogni notte, perché il cucciolo avrà imparato che lamentandosi ottiene la tua attenzione.

Anche se far dormire il cucciolo in camera con te potrebbe sembrare una buona soluzione per il breve periodo, non cadere in tentazione. In seguito diventerà quasi impossibile farlo sloggiare e correrai il rischio di ritrovarti pulci in camera, copriletti strappati e persino di essere buttato giù dal tuo stesso letto! Questa è una situazione in cui occorre essere coerenti fin dall'inizio e non dare messaggi contraddittori che potrebbero confondere il tuo cane.

I VIAGGI IN MACCHINA

I cuccioli non saranno abituati a viaggiare su un veicolo in movimento e all'inizio potrebbero soffrire d'ansia oltre che di mal d'auto. Comincia col fargli compiere brevi tragitti, anche prima di iniziare con le passeggiate, per abituarlo a questa esperienza.

La visita dal veterinario

I cuccioli mostreranno spesso segni di nervosismo, anche se non c'è alcuna causa apparente. Una delle situazioni tipiche in cui probabilmente riscontrerai questo tipo di comportamento è la prima visita dal veterinario. La fatica del viaggio, il rumore e l'odore degli altri cani, sommati all'incontro con un estraneo potrebbero spingere il tuo cucciolo a essere restio e poco collaborativo. Cerca di rassicurare il tuo cane e fargli capire che non gli verrà fatto niente di male. Molti veterinari cercheranno loro stessi di tranquillizzare il cucciolo in modo che in futuro non abbia paura di loro (vedi le pagine 64-65).

Indicatori tipici

I segnali di nervosismo di solito sono inequivocabili, a prescindere dalla causa. Il cane tenderà ad accucciarsi, a tirare indietro le orecchie e abbassarle e a mettere la coda tra le gambe posteriori, il tutto mentre guarda con attenzione ciò che lo ha fatto agitare. Potrebbe anche cercare di fuggire dal pericolo avvertito lanciandosi nella direzione opposta, se possibile. Se il tuo cane dovesse sentirsi intrappolato o abbandonato, probabilmente inizierà anche a guaire.

Segno di sottomissione Abbassandosi, questo cucciolo sta segnalando che non rappresenta una minaccia per chiunque si stia avvicinando.

Contatto visivo Gli occhi di questo cucciolo mostrano la sua insicurezza. Potrebbe anche distogliere lo sguardo, dato che guardare direttamente un altro cane è considerato un gesto di sfida.

ATTENZIONE

Ricordati che ci sono certi "interruttori" che faranno scattare nei trovatelli il ricordo di avvenimenti passati, angosciandoli.

Amico o nemico? Questo giovane incrocio è chiaramente a disagio con il suo compagno felino. Un cucciolo cresciuto da solo in casa che all'improvviso incontra per la prima volta un gatto in giardino non saprà se l'altro animale rappresenta una minaccia o meno.

Placare le paure

Il mondo può essere un posto inquietante per un piccolo cucciolo lasciato solo in un contesto non familiare, lontano da dove è cresciuto. È molto importante cercare di rassicurarlo, soprattutto all'inizio, in modo che si senta confortato e non conservi questa paura per tutta la vita.

Addestramento anti-paura

Alcune razze, come il Piccolo levriero italiano, esternano molto la loro angoscia, che può essere percepita osservando il loro linguaggio del corpo. Sono più sensibili di molti altri cani, cosa di cui tenere conto durante il processo d'addestramento (vedi le pagine 68-69), evitando di adottare un tono severo. I cani hanno bisogno di ricevere messaggi chiari: non aumentare l'ansia del tuo cucciolo mandandolo in confusione. Anche se hai già addestrato un cucciolo in precedenza, è importante che ti ricordi che ogni cane ha le sue peculiarità e che anche due cani della stessa razza probabilmente impareranno a ritmi diversi. Non perdere la pazienza se il tuo nuovo cucciolo non sembra imparare velocemente quanto il suo predecessore: nei cani l'apprendimento è di rado un progresso lineare, ma spesso procede a balzi improvvisi.

Seriamente preoccupato L'intera postura di questo cucciolo di Bassotto indica che è in ansia, con il corpo curvo in avanti e la testa tenuta bassa. Non è facile giudicare il suo umore dalla posizione delle orecchie, però, dato che non sono particolarmente espressive o mobili.

ATTENZIONE

Non dimenticare che a volte i cani non tremano per il freddo, ma perché sono impauriti.

Ansia genuina? Anche se un cane inquieto ha bisogno di essere rassicurato, devi stare attento a non innescare inavvertitamente una cattiva abitudine, che lo spingerà a mostrare ripetutamente segni d'inquietudine perché sa di ricevere in cambio il tuo affetto.

Bianco degli occhi La paura provata da questo cucciolo è ben espressa dai suoi occhi, che sono fissi sulla causa della sua inquietudine, con il bianco ben in vista.

Sempre preoccupati Alcuni cani, soprattutto quelli che appartengono al gruppo dei mastini, sembrano preoccupati a causa della pelle rugosa della fronte; qui, un Carlino.

CONSIGLIO

- *Rumori intensi e lampi di luce causati da fuochi artificiali o temporali possono essere molto angoscianti per tutti i cani, a prescindere dall'età; tieni chiuse le tende per minimizzare questa fonte di preoccupazione.*

Inchiodato al terreno Quando un cucciolo è molto insicuro non cercherà di scappare per la paura, ma rimarrà inchiodato al terreno.

Quando l'ansia è un problema

I cuccioli in genere si adattano molto velocemente, ma lo stesso potrebbe non essere vero per un piccolo trovatello che è stato maltrattato. Questi cani possono diventare molto ansiosi e tremare di paura se messi a contatto con donne o uomini che ricordano loro i precedenti padroni. Infatti non è raro che sviluppino un'avversione verso un determinato genere a causa delle esperienze passate, cosa che potrebbe renderli inadatti alla vita in famiglia. Questi esemplari spesso possono essere recuperati se sei paziente e pronto a lavorare intensamente su di loro, magari con un esperto di comportamento canino, per isolare e affrontare i problemi nascosti.

Ansia estrema

Un'intensa paura può portare un cane ad attaccare, anche se in genere in questi casi manderà prima una serie di segnali d'avvertimento, ringhiando con intensità crescente prima di reagire con violenza. La situazione potrebbe risolversi da sola, dato che il cane, spaventato, probabilmente cercherà d'indietreggiare e fuggire alla prima opportunità. In casi estremi, i cani potrebbero persino sporcare in casa se sono molto preoccupati o stressati.

Interazione con i cani più anziani

È straordinario quanto alcuni cani anziani possano essere tolleranti nei confronti di cuccioli pieni di energia. Infatti, a patto che le presentazioni vengano fatte con cautela, un cucciolo dovrebbe inserirsi bene in una casa già abitata da un cane più anziano.

Comportamento rispettoso Questo giovane Beagle si sta allungando verso la faccia del Lurcher adulto, per mostrare al compagno più grande che non rappresenta una minaccia.

Un'alleanza naturale

Molti cani anziani sembrano empatizzare con quelli più giovani e si dimostrano molto ben disposti verso di loro anche quando li incontrano per la prima volta. È piuttosto improbabile che reagiscano aggressivamente, al contrario di quanto potrebbe avvenire con un esemplare della loro stessa età. Forse è perché non percepiscono un cucciolo come una minaccia.

Anche se un esemplare anziano potrebbe non incoraggiare attivamente un cucciolo a giocare, spesso reagirà in modo positivo se invitato a farlo dal compagno più giovane, probabilmente inseguendolo in giro, ma non in modo aggressivo. Il cane anziano potrebbe partecipare ai giochi del più giovane: per esempio, se il cucciolo sta giocando con un giocattolo, potrebbe rubarglielo, spingendo il cucciolo a inseguirlo.

Introdurre un nuovo cucciolo

Se decidi di volere due cani invece di uno, sarà molto più semplice adottare un cucciolo per farlo vivere insieme al tuo cane più anziano, piuttosto che portare in casa un esemplare di un'età simile a quella del tuo attuale compagno. In questo modo lo status dei due cani è già predeterminato e non c'è alcune rischio che sorgano dispute, perché il cane anziano sarà dominante.

Il genere dei cani non è particolarmente significativo, anche se i maschi in alcune razze possono essere meno amichevoli delle femmine, soprattutto in quelle più grandi e autoritarie come il Dobermann. Molto dipende comunque dal carattere specifico dei cani coinvolti; inoltre è più probabile che un cucciolo venga accettato da un individuo più anziano e già radicato se i due vengono fatti conoscere gradualmente in anticipo, per esempio durante una passeggiata. L'arrivo in casa di un cucciolo spesso spinge il cane anziano a diventare più attivo e giocoso; tieniti pronto a intervenire e separarli, però, se il cucciolo non lascia in pace il compagno più grande.

Ruolo di mentore

Se hai un cucciolo soltanto, può essere una buona idea portarlo a passeggio in compagnia di un cane più anziano, se puoi convincere un amico a portare il suo. In questo modo il cucciolo sarà più tranquillo e imparerà dalla presenza di un compagno più grande che lo accompagna, allo stesso modo in cui i giovani cuccioli di lupo quando viaggiano con il branco fanno tesoro dell'esperienza di trovarsi a contatto con i membri più anziani del gruppo. Se il cane del tuo amico è anche ben educato, il suo esempio potrebbe aiutare il cucciolo a recepire l'addestramento di base.

La teoria che i cani imparino meglio osservando piuttosto che ricevendo istruzioni è sempre più quotata, perché in questo modo visualizzano esattamente quello che ci si aspetta che facciano. E anche il cane anziano riceve benefici dalla presenza del cucciolo, perché in sua compagnia tende a fare più esercizio di quando cammina da solo con il padrone.

Imparare imitando La pazienza di un cane anziano con un gatto può essere trasmessa al suo compagno più giovane in modo che il cucciolo reagisca positivamente alla presenza del micio, anche se non ne ha mai visto uno prima.

CONSIGLIO

- *Quando porti a casa un nuovo cane è meglio che tu sia rilassato, perché entrambi i cani si faranno influenzare dal tuo umore.*

Compagni tranquilli Questo Pastore tedesco adulto è piuttosto rilassato e per nulla turbato dalle attività del cucciolo al suo fianco.

Instaurare un legame Questo cucciolo di Pastore tedesco potrebbe star toelettando il suo compagno più anziano o magari cerca di ottenere del cibo leccandogli e strofinandogli le labbra, incoraggiandolo a rigurgitare del cibo per lui.

Giocattoli per cuccioli

Un cucciolo ha sempre voglia di giocare, a meno che stia male. Potrebbe farsi prendere così tanto dal gioco da continuare fino a cadere letteralmente addormentato. I cuccioli utilizzeranno tutti i giocattoli che gli fornisci e in loro assenza improvviseranno, per cui attento a ciò che lasci in giro!

La scelta dei giocattoli

È disponibile una varietà sempre maggiore di giocattoli, alcuni dei quali servono a mettere alla prova l'intelligenza del tuo cane, altri la forma fisica. Va ricordato che i giocattoli per cani devono essere resistenti, soprattutto quelli che potrebbero essere utilizzati al posto dei giocattoli da masticare. Adegua la grandezza dei giocattoli a quella del tuo cucciolo se vuoi che li sfrutti al meglio.

Improvvisazione

Quando scegli i giocattoli, devi considerare anche l'ambiente nel quale saranno utilizzati; un frisbee, per esempio, si può facilmente perdere se vola oltre un recinto. I cuccioli sono fantasiosi per natura e possono inventarsi i loro giochi da soli, come usare delle mele cadute come fossero palle. È un'area in cui emergerà l'individualità di ogni singolo cucciolo che, una volta creato il suo gioco – per esempio far rotolare una palla giù da una pendenza per poi inseguirla – continuerà a giocarci anche una volta cresciuto. La forte memoria di un cane significa quindi che a distanza di un anno, quando le mele cadranno nuovamente a terra, ricomincerà a giocarci.

Giocare a palla Questo cucciolo di Carlino è concentrato sul giocattolo che ha di fronte, che può afferrare facilmente tra le sue grandi fauci. Potrebbe anche usare le zampe per farlo rotolare.

Cuccioli e bambini

Alcuni cuccioli sono particolarmente atletici e correranno e salteranno per tutta la casa. Una delle ragioni per cui di solito cuccioli e bambini vanno d'accordo (anche se comunque devono essere sempre sorvegliati) è che sono entrambi esuberanti e giocosi. Però un cucciolo non farà distinzione tra i suoi giocattoli e quelli dei bambini, e se inizia a giocare con il pallone da calcio di un bambino quasi certamente finirà per bucarlo con i suoi denti aguzzi. I giocattoli per cani sono molto più resistenti.

Un aiuto nell'equilibrio Questo giovane Labrador retriever sta usando la coda per tenersi in equilibrio mentre gioca.

All'inseguimento delle bolle Questa bolla sembra una palla e il cucciolo ha saltato per cercare di afferrarla. Fai attenzione però: se una bolla scoppia in prossimità dei suoi occhi può fargli male.

Animo giocoso Il piccolo cucciolo mostra di voler giocare allungando le spalle e adottando la posizione d'invito al gioco, con le zampe anteriori distese in avanti.

I vantaggi del gioco

Ti sarà più facile addestrare il cucciolo se giochi regolarmente con lui. Ci sono molti aspetti dell'addestramento che possono essere insegnati e rinforzati attraverso il gioco, persino il più critico: insegnare a un cucciolo a correre da te quando lo chiami. Anche il comando "lascia" può essere insegnato molto facilmente giocando (vedi pagina 33). Se hai più di un cucciolo, forse sarebbe meglio giocare con loro separatamente, così saranno più concentrati e non si distrarranno l'un l'altro.

CONSIGLIO

- *Stai attento nei parchi, perché il tuo cucciolo potrebbe correre dai bambini per prendere parte ai loro giochi. Se giocano insieme, assicurati che i bambini siano gentili con lui e non lo stuzzichino.*

Masticare

I cuccioli hanno un desiderio irrefrenabile di masticare – in parte legato al processo di dentizione –, il che può diventare un problema se a cadere vittima della loro bramosia sono capi d'abbigliamento e altri oggetti. L'unico modo per evitare danni è tenere questi oggetti fuori dalla loro portata.

Condividere un giocattolo Due cuccioli di Labrador retriever impegnati a masticare.

Pelle o gomma

Il miglior modo per evitare che oggetti di valore facciano una brutta fine è fornire al tuo cucciolo valide alternative da masticare. In passato venivano usate le ossa del bestiame, ma oggigiorno nei negozi di animali possono essere acquistate alternative più igieniche (e meno attraenti per le mosche!). I cuccioli avranno le loro preferenze anche per questo tipo di giocattoli, per cui fai un po' di prove all'inizio. È importante cercare di abbinare le dimensioni del giocattolo a quelle del cucciolo, in modo che quest'ultimo possa prenderlo e portarlo in giro facilmente. Sono disponibili giocattoli da masticare temporanei (pelle) e più duraturi (gomma).

ATTENZIONE

Non permettere al tuo cucciolo di ingerire troppi pezzi di un giocattolo in pelle, potrebbe avere problemi di digestione.

Controlla sempre I cuccioli possono diventare possessivi anche con i gioccatoli da masticare. Se succede, tieniti pronto a levarglieli e ridarglieli solo quando è il caso.

Abituarlo ai giocattoli da masticare

Dovrai far capire al tuo cucciolo che i giocattoli da masticare sono suoi e deve giocarci e usarli. Per iniziare fallo venire da te e fagli annusare il giocattolo, soprattutto se è fatto di pelle non conciata, dato che l'odore dovrebbe attirare la sua attenzione. Quindi lancia il giocattolo a una breve distanza, per incoraggiare il cucciolo a inseguirlo. Potresti anche utilizzare questo giocattolo per un tiro alla fune con il tuo cane, sottolineando in questo modo che è uno strumento di gioco, o in alternativa usarlo come giocattolo da recuperare, incoraggiando il cane a scoprire con il suo fiuto dove lo hai nascosto.

CONSIGLIO

- *Questi giocattoli possono prevenire il tartaro sui denti.*

Aiuti per la dentizione

I cuccioli non sono molto bravi nel masticare fino all'età di circa sei mesi, perché in questa fase sono in procinto di perdere il loro primo set di denti, spesso chiamati "denti da latte", che verranno rimpiazzati da denti permanenti, che dureranno per il resto della loro vita. Sfortunatamente, proprio come accade per i bambini, il processo di dentizione può essere molto doloroso, e durante questa fase il cucciolo cercherà di masticare qualunque cosa pur di trovare sollievo. Cerca quindi di lasciargli a disposizione più giocattoli da masticare in punti diversi della casa, per esempio nella cuccia. In questo modo eviterà di sfogarsi su oggetti che vorresti preservare.

Quando emergono i denti adulti, questi includeranno speciali denti ferini (o carnassiali), formati dal primo molare inferiore e l'ultimo premolare superiore. Questi denti taglienti sono l'ideale per la carne ma possono trapassare molto efficacemente qualsiasi tipo di oggetto.

Amanti delle scarpe

I cani amano masticare scarpe, soprattutto quelle fatte in pelle, anche perché queste possono essere rassicuranti, portando impresso l'odore del padrone, impercettibile a noi ma evidente al nostro cane. Molti cani durante la dentizione attraversano una fase in cui amano rosicchiare le scarpe, ma alcuni non perderanno questo vizio neanche con lo spuntare dei nuovi denti. Il miglior modo per prevenire questa fastidiosa (e potenzialmente costosa) abitudine è semplice: tieni le scarpe fuori dalla portata del cane.

Afferrare Questo giovane Labrador retriever ci mostra come i cani usino le loro zampe come fossero mani per tenere gli oggetti mentre li masticano. Per quanto possibile, scollega e nascondi i cavi elettrici per evitare che il tuo cane possa rosicchiarli, con il pericolo che ne consegue.

Postura di masticazione I cani di solito si sdraiano in questo modo quando masticano qualcosa.

Non è colpa del cane Non ha molto senso arrabbiarsi con un cucciolo che ha rubato una scarpa. È compito tuo tenerle fuori dalla sua portata.

Prova di forza

I cuccioli metteranno regolarmente alla prova le loro forze in gare di tiro alla fune. Questo comportamento inizia prima dello svezzamento, non appena i cuccioli riescono a muoversi facilmente. Cani dal muso largo, come questi Staffordshire bull terrier, tendono ad averla vinta in queste sfide.

Dominante Il cucciolo sulla destra sta vincendo il tiro alla fune, anche se il fratellino si sta sforzando di strappargli il giocattolo. Le orecchie del cucciolo più debole sono tirate indietro, a indicare sottomissione.

Giocattoli adatti allo scopo

I cani possono ricorrere a vari giocattoli per giocare in questo modo, ma dovresti incoraggiarli a usare qualcosa di soffice e liscio che non danneggi le loro bocche. Potresti usare lo stesso oggetto anche come giocattolo da masticare e da lanciare al tuo cane perché te lo riporti.

Ben piantato Un cucciolo di Jack Russell sfrutta le sue potenti zampe posteriori nel tiro alla fune.

Parallelismi nel comportamento

Tutti i cuccioli mostrano questo tipo di comportamento, che potrebbe trarre origine dalle abitudini di caccia dei lupi. I membri di un branco a volte hanno difficoltà nello strappar via la carne dalle ossa della preda ma, strattonandola, possono staccare dei pezzi dalla carcassa più facilmente e iniziare a mangiare quei brandelli di carne che fuoriescono man mano che spezzano le articolazioni. Quindi, potrebbero fermarsi a masticare le ossa, cosa che gli permette di mantenere in buono stato i denti, prevenendo un accumulo di tartaro. Al posto delle ossa (che non dovresti mai offrire a un cane domestico), i cani dopo un'intensa sessione di tiro alla fune di solito si metteranno a masticare il giocattolo usato.

ATTENZIONE

Non strappar via un oggetto dalla bocca del tuo cagnolino. Piuttosto, afferra il cucciolo e aprigli la bocca con attenzione (vedi pagina 33).

Duello intenso

Il tiro alla fune assolve anche un altro compito, dato che fornisce ai cuccioli un modo per testare le loro forze contro quelle di un compagno di cucciolata, stabilendo così una gerarchia (vedi pagina 76). In genere sono coinvolti solo due individui, anche se altri cuccioli potrebbero cercare di partecipare, cosa non gradita a entrambi i contendenti, che esprimeranno il loro dissenso ringhiando fortemente in maniera intimidatoria, il che di solito basta a scoraggiare gli intrusi. Gli altri fratellini tendono comunque a ignorare queste battaglie, a meno che non si ritrovino sul percorso dello scontro e non siano costretti a spostarsi, e anche la madre interferisce molto raramente. Durante la lotta per l'oggetto, è probabile che entrambi i cani ringhino in tono piuttosto uniforme. I ringhi vengono di solito emessi congiuntamente al ritmo dei loro movimenti, quando tirano, ma non c'è alcun rischio che mordano, dato che per farlo dovrebbero mollare la presa.

Origini dell'inchino Osservando come i cuccioli partecipano alle gare di tiro alla fune, abbassando le loro zampe anteriori in quel particolare modo, è facile capire come potrebbe essere nato l'inchino di invito al gioco.

Evoluzione dello scontro

Una gara di tiro alla fune di solito segue uno schema ben preciso. Uno dei cuccioli afferra il giocattolo o l'oggetto conteso e l'altro accorre velocemente e cerca di sottrarlo al fratellino. A seconda della differenza di forze, il cucciolo che per primo ha afferrato l'oggetto potrebbe riuscire a mantenere la posizione, mentre l'altro piega leggermente gli arti anteriori finché sono dritti e quindi usa le sue potenti zampe posteriori per tirare con tutte le sue forze, ma senza successo. Se a prevalere dovesse invece essere lo "sfidante", incomincerebbe a guadagnare terreno, muovendo anche le zampe anteriori con il resto e trascinando indietro con sé il "rivale". Come in molte prove di forza, c'è anche una componente psicologica, ben evidente se osservi con attenzione. È probabile che l'individuo dominante guardi intensamente l'avversario, con lo scopo di intimidirlo.

CONSIGLIO

- *Un cucciolo potrebbe perdere uno dei suoi denti da latte giocando in questo modo, ma non è niente di cui preoccuparsi.*

Il *tail-chasing*

Il *tail-chasing* (ovvero quando un cane cerca insistentemente di afferrare la propria coda) è un comportamento patologico associato ai cani giovani che scompare nel corso del tempo. Può a volte diventare motivo di preoccupazione e provocare danni alla coda: in questo caso sarà necessario l'intervento di un veterinario, perché alla sua base potrebbe esserci un problema medico.

La taglia influisce
Questo comportamento è visto più spesso in cuccioli di taglia media e grande e può diventare un'abitudine che non va incoraggiata.

Possibile causa
Una possibile spiegazione per questo comportamento è che il cucciolo insegue la coda in stretti cerchi per sviluppare una maggiore flessibilità della schiena.

Comportamento instabile
Un cucciolo non sempre riesce a restare in piedi quando insegue la sua coda, infatti tende a comportarsi in questo modo in spazi aperti, dove il rischio di farsi male se cade è inferiore.

CONSIGLIO

- *Il* tail-chasing *deve essere scoraggiato, ed è meglio farlo distraendo il tuo cane, piuttosto che rimproverandolo.*

Non tutti i cani Non tutte le razze sono suscettibili al *tail-chasing*. Alcune razze, come i cuccioli di Bulldog inglese mostrati qui, hanno una coda di una forma tale da renderne complicato l'inseguimento, e anche la loro struttura corporea tozza lo rende difficile.

Cause e soluzioni

Non c'è una ragione chiara per la quale i cagnolini inseguano le loro code; potrebbe essere un indizio che quel cucciolo si sta sentendo isolato, perché è un comportamento più comune nei cuccioli separati dai fratellini che si ritrovano in una nuova casa. Tuttavia, a volte anche i membri di una cucciolata si comportano così prima del completo svezzamento. Potrebbe essere semplicemente un riflesso della natura vivace del cucciolo che, se in quella fase non ha un compagno con cui giocare, si mette a inseguire la sua stessa coda. Potrebbe sembrare un comportamento ossessivo, ma di solito non c'è niente di cui preoccuparsi e questa fase passerà. Se vuoi scoraggiare il tuo cane dal comportarsi così, il modo più semplice è richiamarlo a te e distrarlo; cerca di incoraggiarlo a spostare le sue attenzioni su un giocattolo, per esempio una palla, con cui può giocare da solo. Occupato a fare altro, è meno probabile che ci ricaschi.

MORDERE LA CODA

Se il tuo cane inizia a mordersi ripetutamente la base della coda, è un possibile segnale che le sue ghiandole anali sono bloccate. Il tuo veterinario sarà in grado di svuotarle facilmente. Queste ghiandole producono una particolare secrezione che si deposita sulle feci, riconoscibile dagli altri cani.

Solo per cuccioli

A volte un cucciolo, mentre gira su se stesso cercando di afferrare la sua coda, potrebbe cadere a terra; di solito non c'è da preoccuparsi: potrebbe aver perso l'equilibrio o aver avuto un giramento di testa. Afferrata la coda, un cucciolo la stringerà per qualche momento e quindi mollerà la presa, prima di ripetere nuovamente la procedura. Quando due cuccioli giocano, uno dei due potrebbe occasionalmente afferrare la coda dell'altro, di solito da dietro, come parte del gioco ma, di nuovo, non la stringerà a lungo. In nessuno dei due casi è probabile che la coda riporti dei danni. Un cane più anziano, invece, che stia giocando o persino lottando difficilmente afferra la coda di un altro esemplare, confermando che questo tipo di comportamento è ristretto ai cani giovani.

Preoccupazioni mediche

Ci sono casi in cui il *tail-chasing* è motivo di preoccupazione e, negli esemplari più anziani, è stato collegato all'epilessia. È importante non incoraggiare il cane a comportarsi in questo modo ed evitare che questa condotta diventi abituale; nei casi estremi l'uso di un collare elisabettiano, che impedisce al cane di raggiungere la coda, contribuirà a far passare questa abitudine. Questo comportamento può emergere a causa della noia: per distrarre il tuo cane faresti dunque bene a fornirgli sempre giocattoli da masticare.

Scavare

Lasciare un marchio

Identificare gli odori

Combattere

Aggressività

In giro

Come si comporta all'aperto

Animali d'allevamento

Strane amicizie

Incontrare altri cani

In strada

Cani smarriti

Marcare il territorio

In campagna

Cani e altri animali

Incontri ostili

Identificare gli odori

I cani fanno affidamento sul loro senso dell'olfatto per carpire informazioni sul mondo che li circonda (vedi le pagine 106-107). Tuttavia alcuni – come i cani da caccia – sono più capaci di altri di ottenerle, grazie alla loro struttura facciale e corporea.

Un fiuto speciale

Il mezzo più ovvio utilizzato dal cane per individuare un odore sono le sue narici. Il suo senso dell'olfatto è largamente superiore al nostro, come dimostra un confronto tra le mappe genetiche, che mostra come i cani posseggano circa il 30% in più di geni relativi al sistema olfattivo rispetto agli esseri umani. I cani inoltre possono arrivare ad avere due miliardi di cellule nervose specialistiche nei passaggi nasali, contro un nostro minimo di 12 milioni. Inoltre anche la superficie relativa all'interno delle cavità nasali è significativamente più grande nei cani.

Questione di sopravvivenza

Studi recenti hanno rivelato che i cuccioli possono abituarsi agli odori addirittura prima di nascere. Ciò è dimostrato dal fatto che in seguito mostreranno una preferenza per il tipo di cibo di cui si era nutrita la madre durante la gravidanza. Questo tratto è stato quasi certamente ereditato dai lupi e potrebbe aiutare i cuccioli a determinare quali tipologie di cibo possono essere mangiate in tutta sicurezza, migliorando la loro capacità di sopravvivenza una volta che sono svezzati e vivono per conto proprio.

Naso bagnato Molti credono che se un cane ha il naso asciutto allora è ammalato, ma questo non è necessariamente vero. In ogni caso, un naso umido aiuta il cane a identificare le molecole olfattive più facilmente, infatti quando fiutano allargano le loro flessibili narici ottenendo un effetto simile.

Capacità mentale Il fatto che un cane faccia affidamento sul suo senso dell'olfatto è confermato dalla sua struttura cerebrale. La parte anteriore del cervello (il rinencefalo), in cui vengono ricevute le informazioni, è infatti più larga in proporzione ad altre aree cerebrali. È collegata al naso attraverso i nervi olfattivi.

Abilità variabile

Il senso dell'olfatto di un cane non è una caratteristica costante e la sua abilità nel fiutare può variare nel tempo. I cani sono capaci di individuare odori con maggiore efficacia quando sono affamati e, per contro, le loro abilità olfattive si riducono subito dopo un pasto, soprattutto se conteneva grassi animali di qualsiasi tipo. Non è poi una coincidenza che in alcune gare di caccia venga usato olio di anice per tracciare una pista che i segugi devono seguire. Non è perché i cani amano questo aroma, ma perché è un odore che sono in grado di identificare molto facilmente.

Individuare gli odori portati dal vento

I cani possono anche individuare odori aerei grazie alla presenza dell'organo di Jacobson, localizzato sul palato. I cani maschi si affidano a quest'organo per rilevare i "messaggeri" chimici chiamati feromoni che sono rilasciati in minuscole quantità dalle femmine in calore (vedi le pagine 60-61) e si diffondono nell'aria. Questo silenzioso mezzo di comunicazione spiega come i cani maschi del vicinato siano misteriosamente capaci di rintracciare una cagna che è pronta ad accoppiarsi.

CHI C'È NEI PARAGGI?

Questo Jack Russell terrier sta fiutando alla base di un albero, raccogliendo informazioni sui cani che sono passati di recente e hanno lasciato il loro odore (vedi le pagine 106-107).

Fiuta e sarai fiutato Questo Bassethound è perfettamente strutturato per seguire le piste olfattive. Tuttavia, mentre cammina sta a sua volta lasciando una traccia del suo odore, a causa della presenza delle ghiandole sudorifere tra le dita.

Lunghe orecchie Le orecchie lunghe, una caratteristica del Bassethound e di altri cani da pista, cadono fino al terreno come tende, aiutando a trattenere le molecole olfattive vicino al naso.

Naso dalla forma perfetta La forma del naso del Bassethound è perfetta per il suo ruolo di cane da pista. È lungo e largo e fornisce una larga superficie interna colma di sensibili cellule olfattive, che hanno lo scopo di individuare gli odori.

Marcare il territorio

Noi ci rapportiamo con il mondo principalmente attraverso il senso della vista e dell'udito. I cani, invece, sono in grado di interpretare ciò che li circonda in modo totalmente diverso grazie al loro sviluppatissimo olfatto, e infatti per comunicare con altri cani marcano il territorio.

Marcare ripetuto

Gli odori si trattengono nell'ambiente, anche se la durata dipende in parte dalle condizioni atmosferiche. Una forte pioggia, per esempio, è molto efficace nell'eliminare le tracce di un odore, diluendolo prima e lavandolo via poi. Ecco perché i cani lasceranno il loro marchio più volte nello stesso posto durante le passeggiate: stanno cercando di rafforzare il loro odore e diluire quello degli altri esemplari, marcando chiaramente quello che considerano il loro territorio.

Un passatempo regolare

Marcare il territorio è un'attività particolarmente diffusa nei cani maschi, che iniziano ad alzare la zampa quando si avvicinano alla maturità sessuale, dai sei mesi d'età in poi. Urineranno molto frequentemente durante le passeggiate ma senza svuotare del tutto le loro vesciche, riuscendo così a lasciare il loro odore in tanti posti diversi.

Senso altamente sviluppato
I cani possono costruire un'immagine dettagliata del loro mondo usando l'olfatto.

ATTENZIONE

Rinnova puntualmente le vaccinazioni del tuo cane, perché potrebbe contrarre la leptospirosi fiutando nei pressi di pali della luce.

Mappatura degli odori

I cani non sono soltanto in grado di riconoscere gli odori di altri conspecifici che hanno attraversato un'area, ma possono distinguere anche altre specie, come volpi o tassi. Questa capacità deriva dal modo in cui i lupi determinano la posizione delle prede nelle loro vicinanze e tengono traccia delle incursioni territoriali di membri di branchi confinanti. Come molti predatori, i lupi si aggirano su vasti territori, per cui l'abilità di rintracciare l'ubicazione di potenziali prede attraverso una "mappatura olfattiva" è una straordinaria risorsa per la sopravvivenza. Anche capire quando si sono verificati certi eventi è importante per avere un quadro più completo. Attraverso la mappatura olfattiva, lupi e cani percepiscono costantemente informazioni sul loro ambiente a noi inaccessibili.

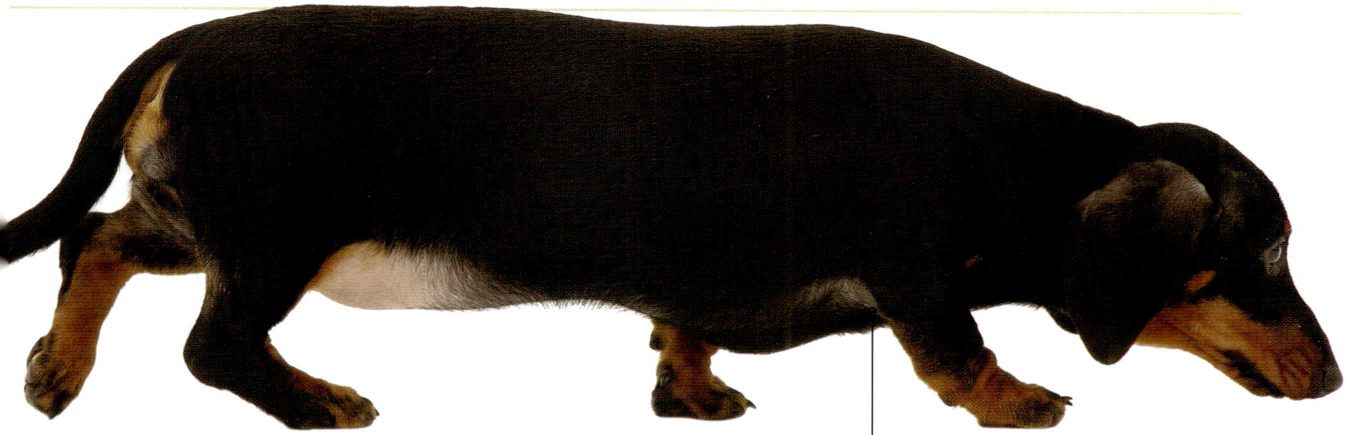

All'inseguimento Questo Bassotto sta seguendo un odore, camminando con il naso per terra.

Odori rassicuranti

È impossibile essere certi del numero di informazioni che i cani possono ottenere dagli odori che percepiscono, ma studi stanno rivelando diversi modi in cui gli odori possono essere usati, anche a breve distanza, per comunicare. È stato scoperto che la cagne che allattano, per esempio, producono uno specifico feromone chiamato "feromone appagante": rilasciato nelle vicinanze delle loro ghiandole mammarie, può essere percepito dai cuccioli e contribuisce a calmarli. Un sostituto artificiale è stato testato positivamente su cani adulti e potenzialmente potrebbe essere usato per calmare cani spaventati dal rumore dei fuochi artificiali o da una visita dal veterinario. Anche alcuni odori naturali di origine vegetale – in particolare camomilla e lavanda – hanno un'influenza sul comportamento dei cani con un effetto calmante.

Fiutare in cerca di prove

I cani si strofinano contro i corpi dei propri simili per lasciare il loro odore, lo stesso motivo per cui si strusciano contro i vestiti delle persone. Ecco perché se rientri a casa dopo essere stato in compagnia di un altro cane il tuo ti fiuterà con molta attenzione le gambe. Per riconoscersi tra loro i cani fanno affidamento, oltre che sulla vista, anche sull'olfatto.

Identificazione Questi due meticci si stanno annusando l'un l'altro per vedere se si conoscono.

I POSTI PREFERITI DA MARCARE

I cani tendono a scegliere posti ben in vista per lasciare il loro odore, così è più probabile che altri cani lo individuino. Tra i posti più comuni da marcare ci sono pali della luce, muri, alberi e altre superfici verticali. Potrebbero persino marcare dentro casa.

Lasciare un marchio

Ci sono diversi modi in cui un cane può lasciare il suo marchio, sia in giro per casa che fuori, alcuni più evidenti di altri. Consisteranno in una combinazione di indicatori visivi e olfattivi che gli altri cani saranno in grado di riconoscere senza difficoltà.

Odori meno intensi I cuccioli, come questo Boxer, tendono a puzzare meno dei cani adulti.

Igiene casalinga L'odore del tuo cane sarà ben distinguibile sulla sua coperta e forse anche sui vestiti. Quando gli fai il bagno, approfittane per lavare anche la coperta.

L'odore del corpo canino

I cani sviluppano un "odore canino" ben distinguibile, soprattutto una volta adulti, e ancora più evidente nelle razze con mantelli più lunghi e folti, come gli spaniel, rispetto alle razze a pelo corto che hanno poco sottopelo, come il Whippet o il Greyhound. Ci sono differenze individuali, inoltre, e quest'odore spesso diventa più forte quando un cane è appena stato fuori per una passeggiata.

Preparare un bagno

Molti cani trarranno beneficio da un bagno ogni due o tre mesi per ridurre il loro odore. Acquista uno shampoo per cani (venduto nei negozi di animali), un misurino e un contenitore che possa fungere da vasca da bagno all'aperto per il tuo cane. Evita di usare la vasca di famiglia, non solo perché poco igienico, ma anche perché gli artigli del tuo cane graffieranno facilmente la superficie, causando un danno permanente. Scegli una giornata calda e riempi la vasca con circa 5-7,5 cm di acqua tiepida prima di farlo immergere.

Lavare e asciugare

Una volta trovato l'equilibrio, il tuo cane dovrebbe rilassarsi, specie se l'acqua non è troppo profonda. A questo punto puoi versargli gentilmente dell'acqua sul mantello, iniziando dai lati e risalendo sulla schiena, e incominciare a mettergli lo shampoo. Lascia la testa per ultima e fai attenzione a non fargli andare lo shampoo negli occhi, shampoo che dovrai poi sciacquare via dal mantello. Prima di asciugarlo con un asciugamano pulito ti conviene allontanarti un po', perché il tuo cane scrollerà vigorosamente il mantello, contorcendosi da un lato all'altro e schizzando via le gocce d'acqua.

LO *SCOOTING*

Questo fenomeno si verifica quando il cane si trascina lentamente sul terreno, o anche in casa sui tappeti, muovendosi molto lentamente con le zampe anteriori mentre tiene quelle posteriori alzate. Questo comportamento indica che le ghiandole anali sono bloccate, e quindi dolorose e irritanti, il che spiega perché il cane si mordicchierà spesso con intensità nell'area sotto la coda. Queste ghiandole sono usate per marcare le sue feci e il tuo veterinario sarà in grado di eliminare facilmente il blocco.

Messaggi sui bastoni

Allo stesso modo in cui a volte alcune persone incidono le loro iniziali su un albero, i cani lasciano un loro segno nei bastoni che masticano. Molti cani li raccolgono e portano per istinto per una certa distanza, fermandosi a masticarli se se ne presenta l'occasione. Abbandonando questi bastoni lungo un percorso, con chiari segnali che sono stati masticati, attraggono altri cani che passano dalla stessa strada, con l'odore sui bastoni a fungere da ulteriore segnale a noi impercettibile. Ad alcuni cani piace trasportare un bastone anche per distanze relativamente lunghe durante una passeggiata, arrivando talvolta persino a portarlo a casa. Altre volte, potrebbe lasciare un bastone per poi prenderne un altro più tardi.

Ritrovare la strada di casa

Anche se ci sono tante storie straordinarie di cani smarriti che hanno ritrovato la strada di casa – alcune che risalgono addirittura all'antica Roma –, i cani di solito sembrano meno abili dei gatti in tal senso. I cani hanno alcune abilità che possono sfruttare, proprio come un lupo separato dagli altri membri del branco può riuscire a ritrovarli. Il compito sarà più facile se il tuo cane si smarrisce durante una passeggiata lungo un percorso che compite spesso. A patto che non abbia piovuto intensamente, il cane sarà infatti in grado di ritrovare non solo il suo odore, ma anche il tuo. Dovrebbe anche riconoscere il paesaggio e persino sentirti camminare da una certa distanza, ritrovandoti grazie alla combinazione di questi fattori.

Masticare i bastoni I cuccioli come questo Beagle, quando stanno perdendo i denti da latte, mordicchiano spesso dei bastoni per alleviare il dolore per lo spuntare dei nuovi.

ATTENZIONE

Non è detto che gli odori canini provengano dal mantello. Un odore dolciastro nelle vicinanze della testa potrebbe indicare diabete mellito e si emana dalla bocca.

Incontrare altri cani

Proprio come le persone, i cani hanno le loro simpatie e antipatie verso altri della loro specie. Alcuni cani sono particolarmente socievoli e usando il loro linguaggio del corpo mandano un chiaro messaggio delle loro intenzioni pacifiche a quelli che incontrano, anche da una certa distanza.

ATTENZIONE

Cerca di non essere iperprotettivo, è importante che il tuo cane incontri altri suoi simili, ma stai attento ai segnali che si mandano.

Rapporto equilibrato
Qui entrambi i cani sono seduti, con nessuno dei due che cerca di intimidire l'altro.

Saluto amichevole
Questi due fratellini Springer spaniel si stanno leccando a vicenda il muso. Questo saluto è usato dai cani che si conoscono bene.

Storia condivisa

Quando cuccioli che sono cresciuti insieme tornano a incontrarsi poco dopo aver lasciato la cucciolata, si riconosceranno velocemente e riprenderanno il rapporto d'amicizia. È più difficile dire se si riconoscerebbero anche dopo essere stati lontani per tanti mesi o persino anni. Di certo sarebbero molto meno espansivi l'uno con l'altro all'inizio, proprio come due cani estranei che si incontrano, ma forse andrebbero poi d'accordo una volta rifatta la conoscenza. A questo punto, però, potrebbero essersi allontanati in quanto a temperamento, visto che saranno cresciuti in contesti diversi. Non è detto che la cosa sia evidente fin da subito: le differenze più marcate saranno probabilmente legate ai livelli di addestramento e reattività.

Buon odore L'odore è importante per due cani che si incontrano, come lo dimostrano questi Bulldog inglesi che si annusano.

Incontro rilassato Se questo incontro li mettesse a disagio, i cani probabilmente rimarrebbero in piedi, per poter scappar via più velocemente.

Relazioni imprevedibili

I cani della stessa razza non hanno una particolare empatia. Infatti alcuni, come lo Staffordshire bull terrier, possono essere addirittura più ostili con membri della propria razza che con cani di altro tipo. Nemmeno le rispettive taglie dei cani sono importanti e alcuni esemplari sembrano non piacersi senza alcuna ragione precisa. Anche le circostanze nelle quali si incontrano hanno probabilmente un peso nel determinare come i cani si vedono rispettivamente. Un cane che cammina al guinzaglio sarà più aggressivo se messo a confronto con un altro individuo, semplicemente perché è legato e non può reagire come vorrebbe in queste circostanze. I cani sono più portati ad andare d'accordo quando si incontrano senza guinzaglio; se uno di loro rappresenta davvero una minaccia, l'altro può facilmente scappar via, oppure possono decidere di ignorarsi dopo una rapida annusata.

CONSIGLIO

- *I cani di due vicini di casa potrebbero non andare mai d'accordo, semplicemente perché si sono abituati a difendere i loro territori dall'altro.*

Aggressività

Quando due cani che non si conoscono si incontrano, c'è sempre il rischio che l'incontro diventi davvero aggressivo, per quanto raramente. Però, alcuni cani sono aggressivi quasi per istinto, per cui devi essere preparato a questa eventualità.

Tirarsi indietro Questo cane sta cercando di sfuggire al suo aggressore, indicando di non essere una minaccia con l'adozione di una postura molto arrendevole.

Sequenza Un cane completerà una serie di rituali stilizzati prima di attaccare.

Ridurre l'aggressività

Ci sono tantissime testimonianze su quanto fossero feroci in passato i cani, che venivano utilizzati in battaglia e come temuti guardiani. Comunque, da ormai più di 100 anni, da quando sono iniziate le esposizioni, si è cercato di ridurre il livello di aggressività mostrato da particolari razze, scopo ampiamente raggiunto, come dimostra il Bulldog inglese. I suoi antenati avevano una natura molto energica e combattiva, stando ai racconti del 1800, mentre oggi sono animali molto ben disposti, sia verso le persone che verso gli altri cani. La mancanza di aggressività, con i cani che vengono usati principalmente come compagni di vita, diventa sempre più una caratteristica fondamentale. In alcune parti del mondo tuttavia i cani, soprattutto randagi, vanno avvicinati con cautela. Potrebbero essere malati di rabbia e quindi molto aggressivi e pericolosi.

Rituali di combattimento

I cani completano una serie di rituali stilizzati prima di attaccare per davvero, ma sono talmente veloci che è possibile non accorgersi dei loro segnali d'avvertimento. Di solito l'animale inizia scoprendo progressivamente i denti, mentre il suono del suo ringhio diventa sempre più intenso, aggiungendo un segnale vocale del suo intento aggressivo a quello visivo. Questo processo ha lo scopo di intimidire, piuttosto che di attaccare, e l'aggressione cesserà se l'altro cane si ritira. L'aggressore allora si limiterà probabilmente a inseguirlo per un breve tratto, senza che nessuno si faccia male, a patto che l'altro cane possa correre via facilmente. Se invece lo fronteggia, allora i due cani combatteranno. Tieni presente che i cuccioli non sono aggressivi e che attraverso una attenta socializzazione e addestramento dovrebbero rimanerlo anche da adulti.

Comportamento possessivo

Anche se spesso i cani grandi sono considerati i più aggressivi, anche quelli piccoli possono mostrare un atteggiamento simile. Non devono essere sottovalutati, perché possono causare ferite dolorose se mordono. Molte aggressioni di cani piccoli non sono dovute a motivi territoriali, ma al loro carattere possessivo, spesso indirizzato verso il loro giocattolo preferito, che non vogliono cedere. È molto importante che insegni al tuo cucciolo a lasciare gli oggetti a comando e a permetterti di aprirgli la bocca senza essere aggressivo (vedi pagina 33), per evitare problemi di questo tipo in futuro.

Gravidanza isterica

È una condizione molto particolare che può verificarsi nelle cagne non sterilizzate circa otto settimane dopo il loro ultimo calore. Inizia con un cambiamento nel comportamento della cagna, che diventa inquieta e particolarmente attaccata a un giocattolo in particolare, che porterà in giro con sé. Se cerchi di portarglielo via, c'è il rischio concreto che diventi aggressiva e morda. Cambiamenti ormonali potrebbero farle mostrare segni di gravidanza, per esempio ghiandole mammarie rigonfie e persino produzione di latte. In mancanza di cuccioli, però, dirigerà i suoi affetti materni verso il suo giocattolo e lo difenderà a ogni costo.

CONSIGLIO

- *I cani potrebbero dimostrarsi aggressivi con lo scopo di intimidire piuttosto che con l'intenzione di combattere.*

Sembrare più grande
Questo Chihuahua tiene le orecchie scostate dal viso nel tentativo di sembrare più grande, mostrando aggressività.

Segnali d'avvertimento
Questo Chihuahua sta mostrando i denti e ringhiando minacciosamente allo stesso tempo: un chiaro segnale che l'attacco è imminente.

ATTENZIONE

L'aggressività viene oggi "combattuta" alla radice premiando il giusto comportamento del cane invece di punirne gli errori.

Incontri ostili

Non tutti gli incontri tra due cani si riveleranno pacifici. Devi essere particolarmente prudente se il tuo cane ha già litigato con un particolare individuo durante una passeggiata, perché questa ostilità non sarà dimenticata se si rincontrano.

Approccio entusiasta Questo cucciolo mostra segni di entusiasmo verso l'altro, ma non è corrisposto. Quasi certamente sarà costretto a ritirarsi per non rischiare di essere morso.

Rinnovare le conoscenze

I cani che si incontrano per la prima volta tendono a essere più riservati rispetto a quelli che si sono già conosciuti. In quest'ultimo caso, l'incontro può rapidamente diventare aggressivo, a meno che non decidano di ignorarsi a vicenda, cosa che si verifica soprattutto quando sono relativamente anziani. Le reazioni dei cani sono spesso influenzate, in parte, da quelle dei padroni: se si ignorano tra loro e continuano tranquillamente a camminare in direzioni opposte, anche i cani faranno probabilmente lo stesso. Però, se entrambi i padroni si fermano, è più probabile che i cani comincino a interagire. Si annuseranno a vicenda e poi potrebbero iniziare a giocare.

CONSIGLIO

- *Quando il cielo minaccia un temporale, spesso i cani sono più irascibili.*

Ringhio Questo cane sta mostrando i denti e ringhiando al cane che si sta avvicinando.

Sfida Questo cane sta sfidando l'altro aprendo la bocca e mostrando i denti.

Risposta arrabbiata I denti sono chiaramente in mostra e vicinissimi al muso dell'altro cane: un comportamento molto minaccioso.

Possibile spiegazione Questo cane potrebbe essere stato morso malamente da un altro durante una passeggiata. In questo caso l'istinto lo porterà a essere inquieto e forse aggressivo in compagnia di altri cani e potresti aver bisogno dell'aiuto di un comportamentista per cani.

ATTENZIONE

Stai sempre attento quando attraversi un'area frequentata da molti cani e cerca di anticipare ogni potenziale scontro.

CONSIGLIO

- *Alcuni cani reagiscono con aggressività senza alcuna minaccia apparente.*

Evitare problemi

Quando un cane è dolorante e viene approcciato da un esemplare vivace che vuole giocare, manderà un segnale molto chiaro che non vuole partecipare al gioco. Infatti è molto probabile che si sieda e rimanga fermo in un punto, scoprendo i denti e ringhiando fortemente in modo che non ci siano dubbi sul suo messaggio. È importante essere consapevoli di questa possibile reazione, anche se in circostanze normali il tuo cane di solito è amichevole e giocoso. Fino a quando non avrà avuto modo di riprendersi, meglio portarlo in un posto in cui è difficile che possa imbattersi in cani senza guinzaglio.

Se il tuo cane è stato attaccato da un altro esemplare, è probabile che sia irrequieto, per cui prova a cambiare il tragitto delle vostre passeggiate. Ma non essere sorpreso se in futuro il tuo cane sarà diffidente verso altri cani dall'aspetto simile.

Tenere separati i cani

Non tutte le dimostrazioni di aggressività durante un incontro tra cani sono il risultato di un conflitto diretto, ma a volte si verificano per una reazione difensiva. È più facile che succeda quando stai portando il cane al guinzaglio e un altro si avvicina rapidamente. Il tuo cane in queste circostanze potrebbe sentirsi intrappolato, specie se cerchi di trascinarlo via e l'altro cane vi segue. La migliore linea d'azione è allontanarsi camminando velocemente con il cane, piuttosto che restare fermi: l'altro cane perderà rapidamente interesse. Rimanendo fermi date l'impressione di non volervi ritirare e potreste innescare nell'altro cane una risposta più aggressiva. Quando due cani si incontrano al guinzaglio, è meglio tenerli a distanza, dato che questi incontri sono piuttosto imprevedibili.

Combattere

Anche una breve scaramuccia tra cani domestici può essere allarmante e causare gravi ferite ai cani coinvolti. Lo scontro può essere causato da vari fattori ma, in ogni caso, si verifica perché nessuno dei cani coinvolti è disposto a indietreggiare in risposta a chiari segnali d'avvertimento.

VANTAGGI D'ALTEZZA
Qui, il cane sulla destra sta cercando di ribaltare l'altro cane e inchiodarlo al terreno, sfruttando la sua maggiore altezza. Il cane più piccolo potrebbe, tuttavia, svincolarsi e scappare, evitando così di essere morso malamente dall'esemplare più grande.

Non si arrende
Anche se questo cane è più piccolo dell'altro, sta reagendo con altrettanta aggressività.

Istinti combattivi

Certi tipi di cani sono più combattivi di altri e in particolare lo sono i Bull terrier inglesi, che infatti sono stati selezionati, in origine, per farli partecipare a combattimenti tra cani. Le cagne, comunque, tendono a essere meno aggressive dei maschi, così come i cuccioli, i quali proprio in questa fase devono essere adeguatamente addestrati per minimizzare i loro istinti combattivi.

Per quanto riguarda i maschi, la castrazione può aiutare a ridurre gli istinti aggressivi abbassando la produzione dell'ormone maschile, il testosterone, e può renderli più facili da addestrare, ma è una pratica drastica ormai superata in Italia. Se sai che il tuo cane di solito è aggressivo verso i suoi simili mettigli una museruola quando lo porti a passeggio.

Un'altra buona idea è cercare il consiglio di un comportamentista per cani e permettergli di analizzare il tuo cane, nella speranza che riesca a risolvere questo problema. Prima cerchi consiglio, anche dal tuo veterinario, più facile sarà superare questa difficoltà.

Errori di comunicazione

I cani adulti che si conoscono bene spesso si cimentano in lotte giocose. In questo modo possono mettere alla prova le rispettive forze e quindi mantenere una gerarchia sociale senza ricorrere a un vero scontro. Tuttavia, è ormai provato che razze che ricordano più da vicino il lupo nell'aspetto, come il Siberian husky, sono molto più attrezzate per comunicare visivamente di altre, come il Bouledogue francese, che sono state modificate così tanto che adesso possono mostrare una varietà di segnali d'avvertimento molto limitata. Questa mancanza di sottigliezza nella comunicazione potrebbe far degenerare un combattimento giocoso in uno vero, con entrambe le parti che fraintendono le rispettive intenzioni.

Interrompere un combattimento

Cani domestici non abituati a vivere in gruppo potrebbero equivocare o ignorare il linguaggio del corpo di altri cani. Ciò significa che in alcuni casi un cane attaccherà un suo simile che ha chiaramente indicato di non essere in alcun modo una minaccia. Quando porti il tuo cane in un parco, dove potrebbe incontrare tanti suoi simili, tieniti pronto a richiamarlo se pensi che potrebbe sorgere un conflitto. Rimani sempre vigile e cerca di anticipare qualsiasi potenziale dissapore prima che degeneri. Se scoppia una rissa, non cercare di separare i cani con le mani, perché potresti essere morso, ma usa il guinzaglio come un lazo per afferrare il tuo cane al collo e trascinarlo al sicuro.

ATTENZIONE

Dopo un combattimento, il tuo cane potrebbe essere molto inquieto e risentirsi di qualsiasi tentativo di esaminare le sue ferite.

Scontrosi I cani di tipo terrier sono spesso aggressivi tra loro e non sono particolarmente socievoli.

Svantaggio Questo anziano Jack Russell terrier è decisamente in svantaggio, essendo più piccolo e corto del suo rivale più giovane.

In strada

Non essere sorpreso se anche un cucciolone ben addestrato inizia a comportarsi male quando uscite insieme per la prima volta in strada. Ci sono molte distrazioni in questo ambiente, spesso sotto forma di rumori e odori sconosciuti.

Tenerlo vicino

Il tuo cane cercherà probabilmente di allontanarsi per investigare tutto quello che succede nei dintorni e potrebbe quindi tirare al guinzaglio più di quanto abbia fatto in passato. Un guinzaglio estensibile (e retrattile) ti dà l'opportunità di tenere vicino il cane in questo tipo di situazioni e di farlo camminare in linea retta. Puoi lasciargli maggiore libertà nei parchi o in campagna.

Un freno efficace
Una pettorina – come quella indossata da questo Beagle – è uno strumento di controllo più sicuro di un collare, perché evita che la pressione sia scaricata sulla colonna vertebrale se il cane prova a tirare in avanti.

ATTENZIONE

Assicurati che il tuo cane non vada in strada, dove potrebbe essere facilmente investito da un veicolo.

Prime esperienze

Il tuo cane deve abituarsi a camminare per strada, altrimenti potrebbe rimanere per sempre a disagio in questo ambiente. All'inizio evita vie troppo trafficate e fai crescere gradualmente la sua confidenza e concentrazione, lavorando sull'addestramento di base. In un primo momento probabilmente sarà difficile persino persuaderlo a camminare bene al tuo fianco, figuriamoci farlo sedere sul bordo della strada in attesa di poter attraversare in sicurezza, ma con pazienza e tenacia otterrai anche queste conquiste. Tutto sta nell'essere positivi, rassicuranti e coerenti nelle tue istruzioni, come in tutti gli aspetti dell'addestramento. Tieni d'occhio il linguaggio del corpo del tuo cane, perché mostrerà segni di perdita di fiducia e incertezza a volte (vedi le pagine 90-91) e avrà bisogno di essere maggiormente rassicurato, soprattutto se è un cane di piccola taglia che deve camminare tra una folla di persone, alcune delle quali potrebbero non fare molto caso a dove camminano. In queste circostanze è più difficile che venga calpestato e ferito se lo tieni molto vicino a te.

Legato Se devi lasciare il tuo cane in strada mentre entri in un negozio, lega saldamente il guinzaglio a un oggetto solido. Ma cerca di evitare questo tipo di situazioni.

PULIRE

È fondamentale, e di solito un dovere per legge, ripulire i bisogni del tuo cane in strada e quindi insegnare al cane a rimanere fermo mentre lo fai. Se percorri regolarmente lo stesso tragitto, scoprirai che il tuo cane sceglie sempre più o meno lo stesso punto: sta marcando il territorio (vedi le pagine 106-107).

Nuove conoscenze

Molte persone amano i cani e, soprattutto se hai un cucciolo dall'aspetto adorabile, è quasi inevitabile che qualcuno vorrà accarezzarlo prima o poi. Anche se molte persone chiedono il permesso prima di farlo, preparati a vederne altre che si lanceranno su di lui parlandoti allo stesso tempo. Quando il tuo cane è ancora giovane è un'ottima idea lasciare che le persone lo facciano, così si abituerà a incontrare estranei e a essere accarezzato da loro, cosa che lo aiuterà a superare qualsiasi diffidenza che potrebbe avere (vedi le pagine 88-89).

Sappi però che se hai un cane piccolo che tieni sempre ben stretto in braccio, spingendo così i passanti a fargli le coccole, potrebbe reagire aggressivamente se si sente minacciato in qualche modo.

Trovatello

Portare fuori un trovatello è leggermente diverso, perché c'è una certa probabilità che sia più nervoso per natura e che possa reagire aggressivamente se si sente in trappola. Devi impiegare del tempo a cercare di conoscere il tuo cane e le sue inclinazioni per poter prevedere le sue probabili reazioni. Se un passante vuole accarezzare il tuo cane, cerca di dissuaderlo, soprattutto se la strada è molto affollata e sei circondato da persone; spiegagli che è un trovatello e che ha una natura piuttosto timida e nervosa.

In campagna

In campagna ci sono numerosi pericoli potenziali che possono prendere alla sprovvista un cane, posti dall'ambiente stesso e dalle creature che lo abitano. Devi anticipare i rischi che il tuo cane potrebbe non comprendere e assicurarti che risponda prontamente se chiamato.

CONSIGLIO

- *Gli animali selvatici possono trasmettere la rabbia: in certe aree vaccinare i cani è obbligatorio.*

Da sapere

I cuccioli hanno una natura curiosa e questo può cacciarli nei guai, soprattutto in contesti non familiari. Rimani sempre vicino al tuo cane, richiamandolo se necessario e rimettendogli il guinzaglio se ti sembra il caso. I cuccioli potrebbero non capire il rischio di spingersi troppo vicini a un fiume impetuoso o al ciglio di un burrone, soprattutto se sono indaffarati a inseguire un uccellino. In inverno non bisogna sottovalutare il rischio che il ghiaccio sottile che copre un lago si rompa, diventando una trappola mortale. Alcune razze sono maggiormente in pericolo di altre in certe circostanze: i retriever, per esempio, sono attratti dall'acqua, anche in condizioni avverse. I campi dove pascola il bestiame possono essere pericolosi per il cani e anche il bestiame stesso (vedi le pagine 122-123), e i cani dovrebbero sempre essere tenuti al guinzaglio in queste aree.

VIVERE IN CAMPAGNA

Alcune razze sono più adatte a vivere in aree rurali che nelle città, con i Black and tan coonhound che prosperano in questo tipo di ambiente, dove possono correre liberamente. È importante associare la scelta del cane all'ambiente in cui lo farai crescere.

PROTEZIONE SPINOSA

I cani sono affascinati dagli animali dal passo lento come tartarughe e istrici, ma la loro armatura naturale li protegge. Un bravo padrone dovrebbe sempre evitare istrici e ricci: i loro aculei sono molto pericolosi.

Approccio cauto ma rischioso

La reazione istintiva di un cane all'incontro con un animale o oggetto che non conosce sarà di tenersi a distanza, allungare il collo e fiutare con prudenza. In questo modo, può allontanarsi velocemente se necessario, spingendosi con le zampe posteriori e ritirandosi se dovesse spaventarsi. Inoltre, si fermerà a guardare intensamente la creatura in questione. Se non allarmato dalla prima ispezione, tuttavia, il cane si avvicinerà maggiormente. Potrebbe persino tentare di dare un colpetto con le zampe anteriori alla creatura, il che, nel caso di un serpente velenoso, potrebbe avere serie ripercussioni. Un morso al naso è più pericoloso di uno alla zampa, perché il veleno farà effetto più velocemente.

Inseguire uccelli

I cani possono recare disturbo agli uccelli che nidificano a terra, per cui se dovete attraversare dei campi popolati da volatili meglio tenersi sui sentieri. È difficile che i cani siano attratti da piccoli uccellini, ma se un cane stana dei fagiani o altri uccelli da selvaggina potrebbe inseguirli per un po'. Il pericolo è maggiore se ci sono uccelli acquatici, perché il cane potrebbe tuffarsi in acqua per inseguirli, dove potrebbero esserci forti correnti. I cani in genere sono ottimi nuotatori, per cui dovrebbe essere in grado di mettersi in salvo sulla riva. In questi casi, chiamalo ripetutamente per dargli un'idea della direzione in cui nuotare, perché potrebbe essere piuttosto disorientato.

Conoscere i serpenti

Se vivi in una zona in cui ci sono serpenti velenosi prendi dimestichezza con le diverse specie, in modo che se il tuo cane ne affronta una e viene morso sarai in grado di identificarla.

Se hai un cellulare con la telecamera, potresti anche riuscire a fotografare il serpente, assicurandoti così che possa essere fornito il trattamento più adatto. Potrai anche telefonare in anticipo e avvertire il veterinario, in modo che sia pronto a occuparsi del tuo cane non appena arrivi.

Postura curiosa La coda del cane è alzata e le sue orecchie si stendono in avanti mentre ispeziona il serpente.

Animali d'allevamento

Se incontri del bestiame, tieni sempre al guinzaglio il tuo cane. Il rapporto tra cani e altri animali può essere imprevedibile e i padroni devono assicurarsi che i loro pupilli non causino stress, danni o persino la morte di animali d'allevamento.

Il rischio con le pecore

Le pecore hanno un fascino particolare per i cani da pastore. Anche se spesso questi cani sono oramai cani domestici, il loro istinto lavorativo li spinge infatti a osservare e socializzare con questi animali. Tuttavia, questa vicinanza aumenta il rischio che i loro istinti predatori, da lupi, prendano il sopravvento, spingendoli ad attaccare le pecore, cosa particolarmente probabile quando ci sono due o tre cani che si muovono insieme come un branco. Il rischio è maggiore durante l'agnellatura, quando potrebbero esserci placente nei campi e anche agnellini. Se un cane ha attaccato una volta, è molto probabile che lo rifaccia in futuro.

Lavoro a coppie I contadini spesso insegnano ai loro cani da pastore a rispondere a segnali leggermente diversi, in modo da evitare qualsiasi confusione se due di loro stanno lavorando insieme.

Strategie di pascolo
I cani di tipo collie usano il contatto visivo per controllare il gregge, assicurandosi che nessuna pecora esca dal gruppo e si perda. Altre razze da pastore, come l'Australian cattle dog e il Welsh Corgi, tengono il bestiame in movimento da dietro mordicchiandone i calcagni.

CONSIGLIO

- *Non sai mai come il tuo cane si comporterà con gli animali d'allevamento, per cui tienilo sempre sotto controllo.*

CANI DA PASTORE AL LAVORO

Cani da lavoro come questo Corgi sono cresciuti insieme alle pecore e sono completamente diversi dalle razze dello stesso tipo che si esibiscono nelle esposizioni. I contadini badano ai loro attributi di lavoro, non all'aspetto.

Bestiame in fuga

I cani tendono a farsi influenzare dal nervosismo del bestiame, ma non è sempre facile accorgersene. Anche se non ha intenzione di attaccare, è molto importante tenere il cane al guinzaglio nelle vicinanze di bovini, per via della reazione di panico che potrebbero avere vedendolo libero, soprattutto se ci sono vitellini con le loro madri. Un cane riconoscerà istintivamente il pericolo e correrà via, ma sarai tu a rischiare di essere caricato dal bestiame in fuga.

Evitare il rischio

È bene ricordare che ogni anno ci sono morti causate dal bestiame. I bovini giovani tendono a essere molto curiosi, soprattutto se non hanno mai visto prima un cane, e potrebbero cercare di radunarsi intorno a te. Se continui a muoverti costantemente con il tuo cane al guinzaglio non dovrebbe esserci nessun serio motivo di preoccupazione, anche se è meglio scongiurare dall'inizio ogni pericolo e prendere una deviazione.

ATTENZIONE

In campagna, non lasciare che il tuo cane mangi escrementi di pecora, perché possono scombussolare il suo sistema digestivo.

Attenzione ai cavalieri

I cani non sono istintivamente molto attratti dai cavalli, ma se ti imbatti in un uomo a cavallo su un sentiero stretto può crearsi una situazione pericolosa per tutti i soggetti coinvolti, per cui è meglio fare attenzione. Il tuo cane potrebbe spaventarsi e iniziare ad abbaiare, il che a sua volta potrebbe far agitare il cavallo, che potrebbe impennarsi, disarcionare il cavaliere e scappare.

Cani e altri animali

L'adattabilità dei cani è testimoniata dalle tante storie che di tanto in tanto vengono fuori, per esempio sui buoni rapporti con animali che normalmente sarebbero loro prede. Tuttavia, questi casi sono più che altro l'eccezione alla regola e spesso non c'è speranza che vadano d'accordo con certe specie.

Una esistenza stressante

Gli istinti di caccia dei cani domestici sono stati sviluppati per migliaia di anni, e quindi molto probabilmente segugi e altri cani da caccia saranno istintivamente attratti da un coniglio domestico che corre su e giù nel suo angolo di giardino. Devi anche considerare che pur avendo reso quella zona del giardino assolutamente a prova di cane, la sua sola presenza può essere molto stressante per il coniglio, soprattutto se non ha nessun posto in cui nascondersi alla sua vista. In natura, infatti, un coniglio andrebbe subito a nascondersi nella sua tana.

Pericoli per cani

Anche i cani possono incontrare animali pericolosi per la loro salute. Se si avvicina troppo a un riccio, per esempio, rischia di essere dolorosamente punto dai suoi aculei o di prendere le pulci, che infestano temporaneamente questi animali. A seconda di dove vivi, il tuo cane potrebbe anche correre il rischio di imbattersi in serpenti velenosi.

Pessima combinazione
Conigli di casa e cani non sono proprio compatibili. Per un cane probabilmente un coniglio non sarà mai altro che una preda e il coniglio, di conseguenza, vivrà un'esistenza piena d'angoscia.

Amichevole Questo cucciolone è soltanto curioso e sta annusando il piccolo gattino, abbassando la testa per dargli il benvenuto, con i nasi che si toccano.

Spaventato La pelliccia sulla coda e la schiena del micio è alzata per farlo apparire più grande e più pericoloso, nascondendo il fatto che è impietrito dalla paura.

Gigante gentile Anche se questo cucciolo di Spinone italiano è amichevole verso il cucciolo di Siamese – non mostrando alcun segno d'aggressività – la sua stazza è di sicuro intimidatoria.

Rimanere intrappolati

Durante una passeggiata, i cani possono divertirsi a cacciare altri animali come scoiattoli e grandi uccelli, quando si posano a terra. Non è detto che il cane abbia intenzioni venatorie in questo caso, potrebbe semplicemente essere incuriosito dalle loro reazioni: dato che un uccello prenderà sempre il volo e scapperà, al cane sembrerà un gioco divertente. Portare fuori dei terrier richiede particolare attenzione, a causa della loro tendenza ad andare sottoterra, infilandosi in tane scavate da una varietà di creature, dai conigli ai roditori. Se il tuo cane è leggermente sovrappeso, c'è il rischio che possa rimanere incastrato sottoterra. Alcuni terrier sono riusciti a sopravvivere per almeno dieci giorni incastrati in una tana o galleria, e protezione civile e associazioni animaliste, collaborando, potrebbero riuscire a salvare cani intrappolati in questo modo, tuttavia è sempre meglio eliminare il problema alla radice, rimanendo vigili e impedendo loro di cacciarsi nei guai. I giovani terrier sono particolarmente a rischio, data la loro innata curiosità mista allo sprezzo del pericolo.

Salvo, per questa volta Il coniglio è riuscito a scappare, per questa volta. Ma chiediti se potrà mai essere felice, convivendo con un cane.

Scavare

Molti cani mostrano un grande desiderio di scavare, soprattutto i terrier, anche se non sono le sole razze a esibire questo comportamento. I cuccioli sono particolarmente portati a comportarsi così e possono scavare a velocità sorprendente, soprattutto se sono a caccia di qualcosa.

Condizioni per scavare

I cani scavano per diversi motivi, a volte giusto per distrarsi da quello che stavano facendo prima, un comportamento conosciuto come "attività di sostituzione". I cuccioli sono particolarmente inclini a scavare, anche se le condizioni del terreno devono essere favorevoli, e lo faranno più prontamente nella sabbia piuttosto che nell'argilla dura o nel gesso. Preferiranno inoltre – cosa esasperante, se ci mettiamo nei panni di un giardiniere – scavare in un'aiuola appena piantata che in tratto di terreno sgombro, semplicemente perché è più facile.

Problemi in giardino

Lo scavare è spesso legato alla noia, soprattutto nel caso di un cucciolone lasciato fuori in giardino per parecchio tempo. Il cane potrebbe anche essere attratto da alcuni odori, magari del concime o del fertilizzante aggiunto in un'aiuola. Tutto quello che puoi fare in questo caso è recintare temporaneamente l'area. Se stai piantando dei bulbi, devi evitare che il tuo cane li disseppellisca e li mangi, perché sono tossici.

Testa avanti Questo Border collie sta usando le sue zampe anteriori per scavare velocemente nella sabbia soffice, il materiale preferito dai cani perché facile da rimuovere. I suoi artigli lo aiutano a spaccare il terreno quando inizia a scavare.

Strategia di scavo

Quando un cane sta scavando il suo linguaggio del corpo di solito esprime gioia, dato che sta cercando qualcosa. Due cani che iniziano a scavare nella stessa area lavoreranno in maniera indipendente, invece di collaborare. Inoltre, un cane non è capace di scavare soltanto nel terreno: potrebbe aprire un varco nella neve per recuperare un giocattolo che è stato sepolto o cercare del cibo per uccelli caduto da una mangiatoia.

IMPARARE PER IMITAZIONE

Alcuni cani amano seguire l'esempio dei loro padroni e non si comporteranno in questo modo se camminano al guinzaglio. I cani amano scavare in spiaggia, dove la sabbia è tenera e possono disseppellire molluschi. Raramente li mangiano, limitandosi ad annusare le conchiglie dopo averle trovate.

ATTENZIONE

A volte i cani scavando allargano l'ingresso di una tana animale, rischiando di caderci dentro e rimanere intrappolati sottoterra.

Linguaggio della coda La coda è alzata, a conferma che quando scava un cane è attento ed eccitato. Le zampe posteriori forniscono supporto e ancoraggio e non vengono usate nel processo di scavo.

Motivazioni per scavare

I cani ricorrono alle zampe anteriori per scavare, piegandosi leggermente all'inizio e raschiando il terreno, riuscendo così a sollevarlo efficacemente; inoltre tendono a muoversi attorno al perimetro della buca mentre scavano, allargandola da tutti i lati. Il cane, che a tratti potrebbe scavare furiosamente, mantiene un'espressione molto attenta per tutto il processo, nella speranza di individuare quello che sta cercando nella buca. Se sta cercando un roditore, smetterà di scavare per inseguirlo non appena uscirà allo scoperto.

D'altro canto, ci sono volte in cui i cani scavano per seppellire oggetti, soprattutto ossi (ma anche i giocattoli possono essere trattati in modo simile). È un comportamento che deriva dal modo in cui i cani selvatici preservano il cibo seppellendolo, perché sia più difficile per animali spazzini come le iene rubarlo. In questo modo hanno la possibilità di tornare e nutrirsi di nuovo in un secondo tempo.

Strane amicizie

A volte la natura sociale dei cani permette loro di stabilire, nell'ambiente domestico, insoliti legami con altri animali, oltre che con altri cani. Pertanto è meglio prendere un cucciolo di cane e uno di gatto più o meno allo stesso tempo, in modo che crescano insieme.

Come la gerarchia di un branco

I cani di solito accettano i gatti con facilità e anche un micetto, nonostante i gatti siano considerati animali schivi, potrà fare amicizia con un cucciolo di cane. L'amicizia potrebbe nascere dal fatto che all'inizio entrambi cercheranno dei posti caldi in casa in cui dormire e potrebbero rannicchiarsi insieme di fronte al camino o vicino a un termosifone. In giardino, il cagnolino terrà ben lontani gli altri gatti, proteggendo così il compagno felino da possibili attacchi: in questo modo, il cane assume il ruolo dominante di capobranco, che il gatto sembra riconoscergli.

Stabilire legami
I gattini sono in realtà più socievoli di quanto generalmente si pensi e se ti procuri due fratellini è molto probabile che andranno d'accordo per tutta la vita. In assenza di un altro gatto, un micetto farà volentieri coppia con un cagnolino.

CONSIGLIO

- *Non cercare di stabilire per forza una relazione fra cane e gatto, ma lascia che si evolva naturalmente nel tempo.*

Chi comanda? In molte relazioni che intercorrono tra un cane e un gatto, è il gatto a essere il partner dominante per gran parte del tempo. All'aperto, però, sarà il cane il più audace, capace di intervenire prontamente anche per difendere il compagno in uno scontro.

I rimproveri di un gatto

Attento ad affiancare a un gatto un cane con occhi molto sporgenti, come un Carlino o un Pechinese, dato che rischierà di essere graffiato in un occhio se il gatto perde la pazienza. Di solito, però, il gatto preferisce graffiare la punta del naso di un cane come avvertimento, mentre in altre occasioni può essere sorprendentemente gentile, limitandosi a colpirlo sul naso con la zampa come deterrente, ritraendo gli artigli per non graffiarlo.

Crescere

Anche se la differenza di taglia tra cane e gatto potrebbe continuare ad aumentare man mano che crescono, una volte che il legame è stato creato è probabile che duri per sempre e che continueranno a raggomitolarsi insieme per dormire. Il gatto potrebbe anche toelettare il cane di tanto in tanto con la lingua e potrebbe unirsi a te e al cane quando giocate in giardino. E anche di fronte a due gatti dello stesso colore, il cane è capace di identificare subito il suo compagno di casa.

FACILI AMICIZIE

I cuccioli che sono cresciuti insieme rimarranno amici per sempre, e se hai due cani avrai modo di notare le differenze di temperamento tra loro, anche se sono cresciuti insieme e appartengono alla stessa razza.

Cani smarriti

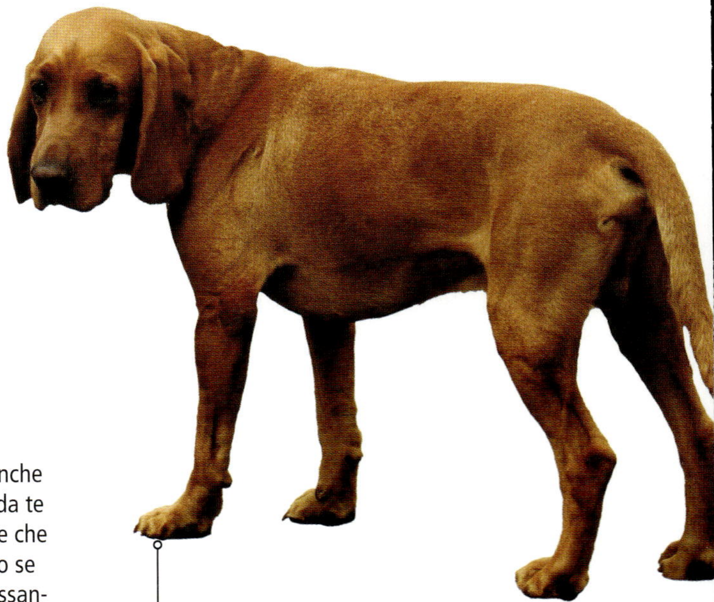

Ogni anno, tantissimi cani si allontanano dai padroni e finiscono per perdersi. È una cosa che accade più di frequente in campagna e, per fortuna, la maggior parte alla fine vengono ritrovati, ma questo periodo di separazione può essere ugualmente angosciante per cani e padroni.

Perché si allontanano

I cuccioli amano esplorare e potrebbero allontanarsi. Anche se il tuo cane risponda bene ai richiami e torna subito da te durante le sessioni d'addestramento, ciò non garantisce che reagirà allo stesso modo quando siete fuori, soprattutto se distratto dalla vista di un coniglio o da un odore interessante. Evita di farlo allontanare troppo continuando con l'addestramento anche quando siete in aperta campagna o al parco e utilizzando un guinzaglio retrattile, che permette al cane di avere un po' di libertà ma gli impedisce di correr via.

Rimanere in contatto Per evitare che il tuo cane si perda, usa un fischietto a ultrasuoni, impostato su un tono che copra grandi distanze: aiuterà il tuo cane a ritrovare la strada, soprattutto se fischi in un modo particolare che il tuo cane sa riconoscere.

Smarrito Potresti "smarrire" il tuo cane anche in casa. Questo Labrador retriever si è nascosto in uno scatolone, uno dei passatempi preferiti di molti cani.

Sulle tracce

Certi tipi di cani sono più portarti ad allontanarsi di altri, in particolare i cani da caccia, che partiranno istintivamente all'inseguimento di una traccia o di una potenziale preda, ignorando i tuoi inviti a tornare. Se ti ritrovi in questa situazione, meglio rimanere fermo che correre dietro al tuo cane, dato che lo scambierebbe per un gioco. E, in ogni caso, non riusciresti a tenere il suo passo.

Richiamare il tuo cane

La cosa migliora da fare è restare fermo e chiamarlo. È probabile che nel giro di poco perda interesse per l'inseguimento, ma a quel punto potrebbe essere disorientato, soprattutto in un contesto poco familiare: i tuoi richiami lo aiuteranno a ritrovarti. Lodalo sempre quando ritorna, invece di rimproverarlo, in modo che tragga un insegnamento positivo dalla vicenda. Se possibile, evita di lasciarlo libero quando è quasi buio, perché se si perde sarà molto più difficile ritrovarlo con il calare delle tenebre.

Microchip

Prima ti accorgi che il tuo cane si è perso, migliori saranno le possibilità di ritrovarlo. Decisiva per il ritrovamento è spesso la presenza del microchip, con il suo codice univoco. Il numero del chip sarà immesso in una banca dati centrale (l'anagrafe canina) accessibile ai veterinari pubblici e ai veterinari privati che siano stati abilitati all'accesso. Ci sono storie incredibili di cani ritrovati in questo modo mesi – e a volte persino anni – dopo la loro scomparsa.

Ritrovare la strada di casa

Ammesso che il tuo cane riesca a evitare di essere investito e non sia stato rubato, prima o poi entrerà in contatto con delle persone. Potrebbe essere notato mentre si aggira per la strada o potrebbe iniziare a seguire qualcun altro fino a casa in mancanza di te. La sua capacità di ritrovare la via di casa dipende anche da quanto lontani eravate quando si è perso, da quanto bene conosce la zona e dalla possibilità o meno di ricorrere alla vista e all'olfatto per orientarsi. Continua a cercare nella zona in cui vi siete separati e a spargere la voce sul suo smarrimento, nella speranza che qualcuno che l'ha visto ti contatti.

CANI RANDAGI

In molte grandi città purtroppo ci sono alcuni cani che trascorrono gran parte del tempo nelle strade, nelle quali, a volte, sono persino nati. Le loro vite sono molto più brevi di quelle dei nostri cani e ogni giorno è una sfida per la sopravvivenza, soprattutto nella ricerca del cibo.

Spazzini I cani che si sono persi avranno bisogno di procurarsi del cibo e saranno spesso costretti a rovistare tra i rifiuti. Al contrario dei loro parenti selvatici, i cani domestici difficilmente saranno in grado di procurarsi il cibo cacciando e di conseguenza potrebbero finire per mangiare cibo andato a male o persino pericoloso, ammalandosi.

ATTENZIONE

Assicurati che il tuo giardino sia sicuro, senza aperture nel recinto che possano permettere al tuo cane di fuggire dalla proprietà.

Differenze fra razze

Cani dell'esercito

Cani da ferma

Levrieri

Cani da slitta

Cani di assistenza

Cani da pista

Razze specializzate

Cani antitumore

Abilità speciali

Tutti i tipi di cani e i loro attributi

Cani da guardia

Cani d'acqua

Cani da riporto

Cani antidroga

Terrier

Ricerca e soccorso

Cani da compagnia

Cani da pastore

Differenze fra razze

È incredibile come tutti i cani domestici odierni, con le loro molteplici forme e colori, discendano dal lupo grigio. Molte razze sono state selezionate per compiti particolari, che hanno contribuito a modellare sia il loro aspetto che il loro comportamento.

Grande varietà

La differenza più ovvia tra le varie razze riguarda la loro taglia. Questa oscilla dal minuscolo Chihuahua, alto circa 15 cm al garrese, fino all'Alano, che può superare i 91 cm di altezza. La taglia condiziona l'aspettativa di vita delle diverse razze: quelle giganti hanno un'aspettativa di vita molto più corta rispetto ai membri del gruppo toy.

Un'altra caratteristica distintiva è la colorazione, con alcune razze che vengono in parte definite proprio da questo tratto, come il Terrier nero russo, per esempio. In altri casi, la razza comprende diversi colori o *pattern* riconosciuti, e legati alla colorazione, ovviamente, sono anche tipo e lunghezza del mantello. I cani a pelo corto, e la cosa non ti stupirà, tendono a essere originari delle parti più calde del mondo, mentre i cani a pelo lungo generalmente provengono dalle più fredde.

Anche la struttura corporea del cane è piuttosto variabile e dipende dalla sua funzione. Per esempio, razze selezionate per essere veloci, come il Greyhound, hanno corpi relativamente lunghi, che li aiutano a massimizzare la quantità di terreno che coprono con una falcata.

ATTENZIONE

Informati sempre sulla storia di una razza che ti piace per poterne comprendere il carattere.

Razze a pelo corto Nei cani mediterranei, come questo Cane dei faraoni di Malta, l'assenza di un sottopelo spesso e isolante significa che il mantello aderisce direttamente al corpo.

Forma del muso Il muso di questo cane da caccia è relativamente lungo, mentre altre razze, come il Pechinese, hanno una struttura facciale decisamente compatta. Ciò non solo compromette la loro abilità di controllare la temperatura corporea, ma può anche risultare in un sovraffollamento di denti in bocca.

CONSIGLIO

- *Le razze da lavoro hanno bisogno di fare tanto esercizio*

Lavoratore indefesso L'Australian cattle dog è molto adatto a lavorare nell'aspro paesaggio australiano. Lo sviluppo di molte altre razze da lavoro è stato analogamente influenzato dal loro ambiente d'origine.

Straordinaria longevità

L'Australian cattle dog (a sinistra), selezionato originariamente per pascolare il gregge, è ormai diffuso in tutto il mondo. Doveva essere una razza robusta, capace di sopravvivere nel caldo e arido outback australiano, e per questo furono utilizzati i selvatici Dingo per contribuire al suo sviluppo (vedi le pagine 42-43). Oggi, questa razza detiene il record di longevità tra i cani domestici. Un esemplare chiamato Bluey, in Australia, ha vissuto per più di 29 anni, più del doppio della maggioranza dei cani.

Cacciatore di pulcinelle di mare

Una delle più specializzate tra tutte le razze di cani domestici è il raro Norsk lundehund. Questi cani erano utilizzati per cacciare le pulcinelle di mare – uccelli marini che nidificano sulle ripidissime scogliere della Norvegia –, una fonte di cibo diffusa tra la popolazione locale. I cani mostrano il fenomeno della polidattilia, con la presenza di dita in più simili ai nostri pollici che aiutano il cane a mantenere più efficacemente la presa sulle scogliere. Anche il loro collo è molto flessibile e le loro zampe anteriori sono particolarmente elastiche. L'unione di questi tratti rende il Norsk lundehund un esperto cacciatore di pulcinelle di mare.

Cani senza pelo

Tra i tipi più inusuali di cani ci sono certamente le diverse razze senza pelo, che hanno avuto per lo più origine in zone dell'America centrale e meridionale, dove erano allevate dagli Inca e da altre culture confinanti con funzione di scaldaletto, compagnia e anche riserva di cibo di tanto in tanto. L'esempio più conosciuto di questo gruppo è oggi il Cane nudo messicano, o Xoloitzcuintle.

Al di fuori dell'America, l'unica altra razza senza pelo è il Chinese crested dog. Come prevedibile, questi cani sono vulnerabili al freddo e quelli con la pelle rosa rischiano di scottarsi stando al sole. Possono anche essere piuttosto propensi all'obesità, grazie al loro abbondante appetito, e non è raro che manchi loro qualche dente. Si pensa che siano esistite razze simili anche presso le tribù dell'America del nord, oggi però estinte.

Quasi senza peli Questo Cane nudo messicano ha in realtà qualche raro pelo sulle estremità del corpo.

Razze specializzate

Oltre alle razze più comuni, esistono una serie di cani più insoliti, che si sono adattati al loro particolare ambiente e ai compiti a cui erano stati destinati. Alcuni sono rimasti immutati per migliaia di anni.

Richiami caratteristici

L'isola della Nuova Guinea, a nord dell'Australia, ospita un tipo particolarmente insolito di cane selvatico, che vive in uno stato semi-domestico. Il Cane canoro della Nuova Guinea è rinomato soprattutto per i suoi caratteristici richiami, che sono stati paragonati allo jodel. Quando un cane inizia a emettere questo verso, altri membri del gruppo lo seguono. Possono cambiare il tono del loro ululato molto efficacemente e sono anche ottimi imitatori: in compagnia di cani che abbaiano, inizieranno a farlo anche loro.

Comportamento insolito

Ci sono alcuni comportamenti molto particolari propri dei Cani canori della Nuova Guinea, come il modo in cui scuotono velocemente la testa verso un lato quando sono in cerca di attenzioni, che sembrano confermare che siano rimasti isolati a lungo. Vivono in uno stato semi-selvatico e, stando ad alcuni studi, sono meno orientati al branco rispetto ai lupi. Piuttosto aggressivi per natura verso coloro che non appartengono alla loro specie, sono cacciatori molto abili.

Un altro tratto insolito è che le cagne tendono a essere dominanti. Si differenziano inoltre dai normali cani domestici per le dimensioni decisamente più grandi dei loro denti carnassiali (o ferini) – usati per tagliare la carne in pezzi che possono essere facilmente ingoiati –, una caratteristica associata anche ai canidi selvatici. Anche se non più comuni com'erano una volta in Nuova Guinea, sopravvivono ancora là. Ci sono anche alcuni esemplari negli Stati Uniti e in altre parti del mondo.

Relazioni Studi sul DNA riportano che i Cani canori della Nuova Guinea sono imparentati con i Dingo e sono probabilmente rimasti isolati da altre linee di discendenza per almeno 5000 anni. Paragonati ai cani domestici, sono più simili ad alcune fra le razze asiatiche più antiche.

ATTENZIONE

Il Cane canoro della Nuova Guinea è così agile da assomigliare quasi a un gatto nel modo in cui si arrampica e salta, per cui pianifica la recinzione del giardino.

Antica razza giapponese

Il ruolo dei cani è cambiato sensibilmente nel tempo, spesso diventando più specializzato, anche se molti in origine condividevano un background nella caccia. L'Akita giapponese è una della razze che condivide radici ancestrali con il Cane canoro della Nuova Guinea. Era utilizzato fin dal 1600 circa dagli Shogun, l'élite governante del Giappone, per seguire le tracce degli orsi sull'isola di Hokkaido. Nei secoli seguenti gli Akita sono stati selezionati per il combattimento tra cani ma, più di recente, il ruolo della razza si è diversificato: è stato tenuto come guardiano, utilizzato come cane poliziotto, ha partecipato alle esposizioni ed è diventato popolare nel mondo come cane da compagnia.

Razze da lavoro in pericolo

La maggioranza delle razze da lavoro specializzate rimangono a rischio d'estinzione, ma una che è tornata molto di moda negli ultimi anni è il Cão de agua português, che condivide una ascendenza comune con il Barbone. Per secoli, è stato usato dai pescatori sulla costa dell'Algarve, poiché abbaiava quando individuava banchi di pesce nell'acqua e anche per avvisare di possibili collisioni tra le barche nella nebbia.

Razza famosa Negli anni Sessanta c'erano meno di 50 Cão de agua português. Ora ce ne sono molti di più, con la razza che ha ricevuto grande pubblicità grazie a Bo, cane scelto da Barack Obama e dalla sua famiglia.

CACCIA TRA GLI ALBERI

Di tutti i cani i Black and tan coonhound hanno le abitudini di caccia più insolite. Selezionati negli Stati Uniti e rari altrove, spesso cacciano i procioni (*coon* è il termine inglese per procione *NdT*). Li inseguono finché non salgono sugli alberi e rimangono lì sotto, abbaiando, saltando e trattenendo sul posto la preda. A destra un momento di addestramento di questo Coonhound.

Cani da compagnia

Oggi, la maggior parte dei cani sono tenuti come animali da compagnia piuttosto che per le loro funzioni originarie. In passato, invece, solo un numero relativamente piccolo di razze ricopriva questo ruolo. Molte di quelle che sopravvivono tutt'ora, come il Piccolo levriero italiano, sono infatti versioni "in scala" dei più grandi cani da lavoro.

Una lunga storia

L'abitudine di tenere cani da compagnia è sempre stata tipica delle società stazionarie e piuttosto ricche. Scavi archeologici nei siti romani europei ha rivelato la presenza di questo tipo di cani, così come reperti provenienti da antichi insediamenti Maya, Aztechi e Toltechi nel Centro America che risalgono a più di 3000 anni fa. Questa tendenza è continuata e i cani da compagnia sono diventati molto popolari nelle corti d'Europa durante il Medioevo.

Una delle più antiche stirpi sopravvissute è il gruppo di razze Bichon. Si pensa che queste razze siano state selezionate originariamente in Italia e da qui si siano diffuse in altre parti del mondo. Razze molto simili esistono oggi in isole lontane come Cuba, che ospita Bichon havanais, Bichon à poil frisé e Coton de Tuléar. Anche il Maltese appartiene a questo gruppo. L'aspetto e il carattere di queste diverse razze è molto simile; sono rinomate per la loro giocosità e adattabilità.

ATTENZIONE

La miniaturizzazione ha causato problemi fisici alle razze da compagnia, che spesso soffrono di lussazione della rotula.

Cane viziato Il nome Bichon deriva dalla parola francese *bichonner*, che significa "viziare". Questa denominazione potrebbe essere stata scelta a causa di Enrico III di Francia (1551-1589), che aveva un Bichon che favoriva in modo particolare e che lo accompagnava sempre nei suoi viaggi istituzionali, viaggiando in una speciale cesta.

Giocosi e molto svegli

Storicamente, i cani da compagnia venivano tenuti semplicemente per diletto e compagnia, e così hanno sviluppato tratti che li differenziano da altri tipi di cani. Queste razze, di cui il Bichon à poil frisé è l'esempio più rappresentativo, tendono a mostrare un temperamento vivace. Il loro istinto li spinge a interagire con i loro padroni e a imparare per imitazione, sviluppando molto velocemente delle abitudini. Ciò aiuta a spiegare perché, dopo essere caduti in disgrazia presso le corti dell'Ottocento, questi cani furono subito molto ricercati come artisti di strada, essendo capaci di lavorare così bene con i loro addestratori.

Orecchie coperte Nelle razze toy le orecchie sono spesso coperte da un lungo pelo e di conseguenza meno usate per la comunicazione.

Troppo dipendente Essendo abituati a vivere tra le persone, questi cani sono totalmente concentrati sui loro padroni, a un punto tale da poter sviluppare problemi comportamentali. Se le loro abitudini cambiano possono mostrare sintomi di ansia da separazione e si disperano se vengono lasciati soli a lungo.

Diversi fisicamente

Le razze da compagnia differiscono parecchio tra loro nell'aspetto. L'unica caratteristica che le accomuna è la taglia piccola, il che spiega perché vengano chiamate razze *toy* ("giocattolo" *NdT*). Non sono state allevate per esaltare un particolare tratto fisico, ma solo per il carattere amichevole, e derivano da antiche linee di sangue largamente diverse. Queste razze comunicano per lo più attraverso il contatto diretto con i padroni e, di conseguenza, i cani toy ricorrono al linguaggio del corpo in maniera meno evidente di altri. Le loro code sono relativamente immobili e sono spesso ricoperte di pelo, il che ne riduce la flessibilità.

Cani di assistenza

La capacità dei cani di collaborare con le persone, associata ai loro sensi particolarmente sviluppati, ha portato al loro utilizzo in aiuto di chi è colpito da alcune disabilità. I cani guida sono l'esempio più conosciuto, ma ci sono anche cani addestrati ad aiutare persone con invalidità all'udito e persino epilessia.

I primi cani guida

Le prime testimonianze di cani utilizzati per aiutare i non vedenti risalgono alla metà del Cinquecento, ma questa pratica non si diffuse fino ai primi del Novecento. Le prime scuole d'addestramento a questo scopo nacquero in Germania, con il fine di aiutare i soldati che avevano perso la vista durante la Prima guerra mondiale. Un'addestratrice americana chiamata Dorothy Harrison Eustis poté ammirare il loro lavoro in Europa e al suo ritorno in patria scrisse un articolo in proposito, che venne pubblicato nel 1927 con il titolo *The Seeing Eye*. In seguito Morris Frank, un non vedente americano di Nashville, Tennessee, la contattò perché lo aiutasse ad addestrare un cane che gli fosse utile.

I cani guida oggi

Due anni dopo, la prima scuola di cani guida fu aperta negli Stati Uniti e prese il nome direttamente dal titolo dell'articolo della Eustis. La scuola si trasferì nel 1931 dal Tennessee a Morristown, nel New Jersey, dove ha ancora la sua sede centrale. Tre anni dopo venne fondata la UK's Guide Dogs for the Blind Association. Questa organizzazione oggi, oltre a condurre un centro d'allevamento nazionale che alleva più di 1100 cuccioli l'anno, gestisce quattro scuole d'addestramento ed è supportata da una rete nazionale di volontari. In Italia i primi addestramenti risalgono al 1929 a opera della Scuola Nazionale Cani Guida per Ciechi.

CONSIGLIO

- *Questi cani devono avere una natura amichevole e docile.*

ATTENZIONE

I cani sono parzialmente daltonici, per cui non possono aiutare le persone ad attraversare la strada basandosi sulle luci del semaforo.

Perfetto per lo scopo
I retriever sono molto popolari come cani di assistenza. Tuttavia, non sono l'ideale per le persone allergiche ai cani: per questo scopo, è stato selezionato il Labradoodle (vedi pagina 160).

PRENDERE L'INIZIATIVA

Un cane guida può aiutare il suo padrone ad aggirare gli ostacoli e a evitare di finire in strada per errore, ma non è capace di sapere dove la persona vuole andare, per cui ha bisogno di indicazioni. In altri casi, però, un cane può prendere l'iniziativa, come succede con i cani per epilettici. Un cane addestrato a questo scopo sarà in grado di indicare al suo padrone il probabile arrivo di un attacco di epilessia prima che questo avvenga.

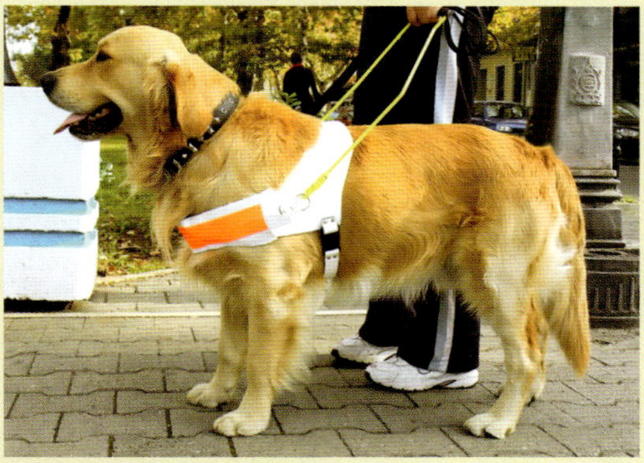

Di ogni forma e taglia

All'inizio, i Pastori tedeschi erano i più comunemente utilizzati. La lista di razze addestrate per questo scopo si è poi andata significativamente allargando, con una preferenza per i Golden retriever e i Labrador retriever. Ma tante altre razze si sono rivelate adatte, dagli Yorkshire terrier e Papillon ai Dobermann e Rottweiler.

Cani per audiolesi

I cani per audiolesi hanno la funzione di avvisare i non udenti dei suoni critici quotidiani, per esempio un allarme antifumo che si attiva o un campanello che suona, e possono essere un valido aiuto anche all'aperto. Per questo scopo vengono di solito scelti meticci vivaci, tra i sei e i dodici mesi d'età, spesso prelevandoli dai rifugi per animali. Il cane indica un suono toccando la persona e quindi muovendosi verso la sua fonte.

Lungo addestramento Inizialmente vengono insegnate le abilità chiave, poi segue un periodo lungo fino a un anno in cui il cane impara a ignorare le distrazioni.

Esordi La socializzazione per gli aspiranti cani d'assistenza è incredibilmente meticolosa. I cuccioli all'inizio vivono presso una famiglia adottiva, mentre l'addestramento vero e proprio non comincia finché non hanno almeno un anno.

CONSIGLIO

- *"Cane di servizio" e "cane di assistenza" sono spesso definizioni intercambiabili.*

Cani da guardia

È facile capire come mai i cani iniziarono a essere apprezzati come guardiani degli insediamenti, soprattutto di notte. I loro sensi molto sviluppati li rendono più adatti degli esseri umani a identificare un pericolo, grazie non solo al loro udito acuto ma anche a un'ottima vista.

L'importanza della comunicazione

Anche se i cani da guardia sono spesso considerati aggressivi, non devono esserlo per forza. I cani di questo tipo ben addestrati sono molto obbedienti ai comandi dell'addestratore, lavorando con lui nello stesso modo in cui i membri di un branco di lupi collaborano durante la caccia. Un cane da guardia mal addestrato è invece un pericolo, perché potrebbe rivoltarsi contro un amico come contro un nemico. Per i cani da guardia la scelta cade comunemente su determinate razze, soprattutto il Pastore tedesco e, meno di frequente, il Rottweiler e il Dobermann. Si tende a usare questi cani perché sono intelligenti e reattivi, essendo stati selezionati per lavorare a stretto contatto con le persone.

Cane versatile Oltre a rispondere ai comandi vocali, i Pastori tedeschi sono anche in grado di interpretare il linguaggio dei gesti e quindi di lavorare in silenzio. La loro naturale intelligenza li ha portati a essere utilizzati in vari campi: come cani guida, nella polizia e nell'esercito e anche come amati cani da compagnia.

CONSIGLIO

- *I cani da guardia possono diventare ottimi animali domestici, addestrandoli.*

Eccellente udito I cani da guardia possono percepire il minimo suono di un possibile intruso.

Abbaio incoraggiato

Un'area in cui si è sviluppata una differenza significativa tra i lupi e i loro parenti domestici – soprattutto i cani da guardia – è nel modo in cui vocalizzano. Mentre i lupi sono silenziosi, i cani da guardia sono spesso incoraggiati attivamente ad abbaiare per allarmare i loro padroni di una possibile minaccia. È anche un metodo efficace per intimorire un intruso.

Da cacciatore a protettore

Forse il più incredibile capovolgimento di ruoli nel comportamento canino consiste nel modo in cui i cani domestici sono stati usati per proteggere le pecore e altri animali d'allevamento dalla minaccia dei lupi. Allevato per generazioni nelle vicinanze di un gregge, un cane trasferisce la sua fedeltà al suo nuovo capobranco – il pastore – più o meno come fanno i cani con i loro padroni quando entrano a far parte di una famiglia.

Tra le razze da protezione del gregge ci sono il Kuvasz, le cui origini si trovano nell'area che oggi corrisponde all'Ungheria, il Cane da pastore maremmano abruzzese e il Cane da montagna dei Pirenei, dalla zona di confine tra Francia e Spagna. Un altro esempio è il Cane da pastore di Tatra.

Gli istinti restano Il temperamento dei cani da guardia domestici riflette le loro origini di cani da lavoro. Vigili e fedeli per natura, abbaiano prontamente se individuano un pericolo.

Mimetizzarsi Una delle caratteristiche significative dei cani da protezione del gregge, come questo Cane da montagna dei Pirenei, è che sono per lo più di colore bianco, cosa che consente loro di mescolarsi molto efficacemente con il gregge di pecore che devono proteggere.

VISIONE NOTTURNA

La capacità dei cani di vedere al buio è un riflesso delle abitudini notturne dei lupi. I loro occhi trattengono un'alta percentuale delle cellule (bastoncelli) sulla retina nel fondo oculare, dove si formano le immagini. Ciò significa che possono vedere bene di notte, mentre la loro visione dei colori non è ottimale.

Cani da pastore

La capacità dei cani di lavorare con le pecore – e altri tipi di animali d'allevamento, dalle renne alle galline – è unica. Questa abilità sfrutta alcuni degli istinti di caccia del lupo grigio ma in modo tale da non provocare danni agli altri animali.

Lavoro a stretto contatto

Per addestrare un cane a fungere da pastore è necessaria una grande intesa tra cane e addestratore sin dall'infanzia. È un processo molto diverso dall'addestramento all'obbedienza, che ha luogo principalmente a breve distanza.

Nei cani da pastore una vista acuta è fondamentale, perché permette loro di seguire i segnali manuali che ricevono di frequente da una certa distanza, ma devono avere pure un udito fino e imparare a obbedire anche ai comandi vocali. La flessibilità è un elemento chiave nell'interazione tra padrone e cane dato che dovranno fronteggiare situazioni impreviste come, per esempio, una pecora che improvvisamente si stacca dal gruppo.

Riconoscimento La specificità del mantello permette ai cani da pastore di essere riconosciuti a distanza dal padrone.

Negli occhi

I cani da pastone non usano gli occhi solo per seguire le istruzioni del padrone, ma anche come mezzo per controllare il gregge, proprio come un lupo che si concentra sulla sua preda. Incredibilmente, la pecora sa interpretare questo sguardo e reagisce al cane come se fosse un lupo (anche se alla fine non verrà attaccata).

Alcuni studi suggeriscono che certe razze di cani sono naturalmente più portate di altre per il ruolo di pastore, ma c'è anche una componente d'apprendimento, con i giovani cani da pastore che devono essere istruiti e possono imparare sia dall'addestratore che guardando gli altri cani al lavoro.

I cani da pastore, al contrario dei cani da protezione del gregge, possono essere molto rumorosi, dato che sfrutteranno la loro capacità di abbaiare per facilitare il controllo dei movimenti del gregge. Le loro code hanno un ruolo inferiore nella comunicazione, invece, e infatti molte cucciolate di razze da pastore contengono esemplari "bobtail", cuccioli che per natura hanno code corte.

IL GENE MERLE

Il gene merle è responsabile per la colorazione "blu" che caratterizza il mantello di alcune razze da pastore, come i Cani da pastore scozzese a pelo lungo e a pelo corto e il Welsh corgi Cardigan, ma può anche avere delle spiacevoli controindicazioni. Se due portatori del gene merle si accoppiano, infatti, aumenterà il rischio di cuccioli sordi o con problemi alla vista. I cani sordi appaiono apatici, ma ci sarà bisogno di test veterinari per confermare questa disabilità.

GARE

Anche se sono stati selezionati per lavorare con gli animali d'allevamento, la natura versatile dei cani da pastore permette loro di eccellere anche in altre aree, come le gare d'obbedienza e di agility.

Natura socievole Lo stretto rapporto dei cani da pastore con le persone significa che sono per istinto amichevoli e quindi non molto adatti come cani da guardia, al contrario dei cani da protezione del gregge (vedi pagina 143).

Vista acuta Rispetto a ogni altro gruppo, nei cani da pastore è la vista il senso più affinato. Sfortunatamente, vanno incontro anche a maggiori problemi genetici in tal senso e i riproduttori andrebbero selezionati di conseguenza.

Portamento dell'orecchio L'aspetto delle orecchie dei cani da pastone varia parecchio. Potrebbero pendere in avanti, come mostrato qui, o essere dritte.

Adattarsi alla vita in casa

Il fascino di un cane da pastore ben addestrato è indiscutibile, ma sfortunatamente non è tutto oro quello che luccica. È facile pensare che cani che stabiliscono un legame forte con le persone siano l'ideale come cani da compagnia, ma nell'ambiente domestico si corre il rischio che le comunicazioni vadano in tilt.

Il problema è che, sebbene le razze da pastore sviluppino istintivamente un rapporto con i loro padroni, di norma trascorrerebbero gran parte del tempo all'aperto. Le linee di sangue selezionate per il lavoro (per distinguerle da quelle da esposizione), in particolare, saranno infelici se rinchiuse in casa per lunghi periodi tutti i giorni.

In questi casi, i cani da pastore finirebbero per annoiarsi e stressarsi, cosa che può spingerli a diventare distruttivi, soprattutto se sono lasciati a lungo da soli. Anche se tutti i cuccioli di ogni razza finiscono probabilmente per causare dei danni intorno ai sei mesi d'età (durante la dentizione), nel caso dei cani da pastore questo problema può persistere, se le loro condizioni di vita non sono adatte. Se hai altri animali, per esempio galline, non è raro che un cane da pastore cerchi di radunarle se stanno scorrazzando libere.

Terrier

Non tutti i cani di taglia piccola sono fragili: i terrier, per esempio, sono un gruppo molto energico a causa delle loro origini da lavoratori. La maggioranza delle odierne razze terrier è nata in Gran Bretagna. La più grande è l'Airedale terrier, che misura 58 cm al garrese.

Caratteristiche dei terrier

Il nome "terrier" deriva dal termine latino *terre*, che significa "terra", e riflette il fatto che uno dei compiti principali di questi vivaci cani era quello di avventurarsi sottoterra nelle tane di una varietà di animali, tra cui volpi e tassi. Per questo dovevano avere una natura coraggiosa, determinata e audace, ancora evidente in queste razze.

Con alcune notevoli eccezioni, come il West Highland white terrier, chiamato affettuosamente "Westie", molte razze terrier sono oggi in serio declino. Sono cani con un forte legame con il loro passato agricolo nelle isole britanniche e animali indipendenti con una grande riserva d'energia. Non sono mai stati molto popolari tra i padroni in cerca di un cane di piccola taglia rispetto alle razze puramente da compagnia, che sono meno esuberanti. La toelettatura di molti terrier è piuttosto esigente, il che li rende più difficili da preparare per un'esposizione rispetto ad altri cani. Altre razze, infine, si trovano in declino perché non considerate più di moda, come il Fox terrier a pelo ruvido.

Vivace Il piccolo Yorkshire terrier è classificato come cane toy, ma è sorprendentemente audace per la sua taglia.

Compagni versatili

Come cani da lavoro, i terrier sono molto più versatili di quanto le loro origini potrebbero suggerire. Queste razze si sono evolute prevalentemente in aree rurali e, sebbene non fossero proprio dei cani di casa, erano molto diffusi nelle fattorie. Aiutavano a tenere a bada animali nocivi come i ratti e fungevano anche da guardiani, con il loro rumoroso abbaio che serviva ad allarmare i contadini dell'arrivo di visitatori. Questo tratto è ancora oggi palese nei terrier, che rispetto a molti altri gruppi di cani fanno maggiore affidamento sulla comunicazione vocale.

ATTENZIONE

I terrier hanno tendenza ad abbaiare incessantemente, spesso per attirare l'attenzione, e dovrebbero essere addestrati a non farlo.

Costruito per scavare Un corpo relativamente lungo, gambe corte e potenti zampe posteriori permettono a un terrier di muoversi agilmente sottoterra. Queste peculiarità caratterizzano le cosiddette "razze da tana" dei terrier, come questo Jack Russell, uno dei membri più popolari del gruppo.

Orecchie caratteristiche

La maggiore enfasi sulla vocalizzazione nei terrier potrebbe essere legata al loro aspetto: le orecchie di molte razze sono relativamente piccole e ripiegate lungo i lati della testa e quindi non possono essere usate per lanciare la stessa varietà di messaggi che in altre razze. Hanno lo scopo di proteggere dai danni questa fragile parte del corpo e anche di evitare che quando vanno sottoterra la terra smossa penetri nel condotto uditivo. I terrier, tuttavia, muovono prontamente le orecchie in avanti per indicare interesse. Durante una passeggiata, questo segnale indica che hanno individuato una preda, per esempio un topo.

Origini da combattenti

Molti membri del gruppo sono rinomati per la loro litigiosità e alcune delle razze più grandi, come lo Staffordshire bull terrier, sono state create proprio per il combattimento. Questa tendenza è continuata con il più recente sviluppo del famigerato American pit bull terrier, che è stato vietato in molte nazioni a causa della sua aggressività verso altri cani e addirittura verso gli uomini.

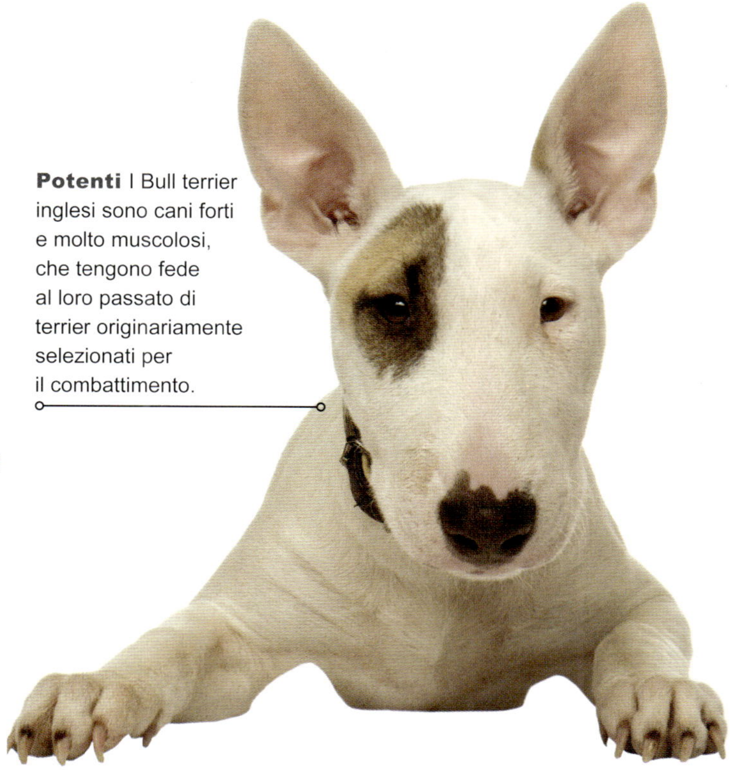

Potenti I Bull terrier inglesi sono cani forti e molto muscolosi, che tengono fede al loro passato di terrier originariamente selezionati per il combattimento.

Cosa aspettarsi

La natura vivace dei terrier significa che sono meno adatti come animali domestici delle razze puramente da compagnia, soprattutto in città. La socializzazione sin dall'infanzia è molto importante per assicurarsi che non siano aggressivi verso altri cani. I terrier mostrano spesso una forte tendenza a scavare, a volte semplicemente nelle aiuole, anche se di tanto in tanto un terrier potrebbe riuscire a scavare un tunnel sotto la recinzione di un giardino e scappare in strada. Questo desiderio di andare sottoterra è un residuo del loro passato di lavoratori.

Molte razze sono generalmente meno ricettive all'addestramento rispetto ad altri cani di piccola taglia, essendosi evoluti nel corso dei secoli nelle fattorie, dove vivevano in modo indipendente. Tuttavia, il carattere dei terrier è indubbiamente attraente e anche se l'addestramento può essere difficile sono sempre pronti a giocare, rincorrendo una palla o testando la loro forza con il tiro alla fune. Sono cani piccoli ma con un grande cuore e tantissima energia.

Cane da guarda Terrier come questo Airedale sono sempre vigili, il che significa che sono ottimi cani da guardia.

Cani da ferma

I cani hanno sempre avuto un ruolo importante come compagni di caccia, aiutando i loro padroni a procurarsi il cibo. I cani da caccia possono dividersi in setter e pointer (di cui parliamo qui), retriever e spaniel (pagine 150-151).

Pointer

Un altro gruppo di cani di antico lignaggio, i pointer costituivano un tipo riconosciuto già nel 1600. Le loro origini risalgono al Medioevo, con lo Spanish pointer che rappresenta la razza di partenza. Questi compagni di caccia divennero sempre più raffinati nell'aspetto, anche se il loro fisico è stato modificato anche dal tipo di terreno nel quale lavoravano. Molte razze di pointer, come il Gammel dansk hønsehund, sono ancora diffuse solo a livello locale. È un tipo di cane estremamente adattabile, con buone capacità di seguire una traccia ed eccellente nel riporto.

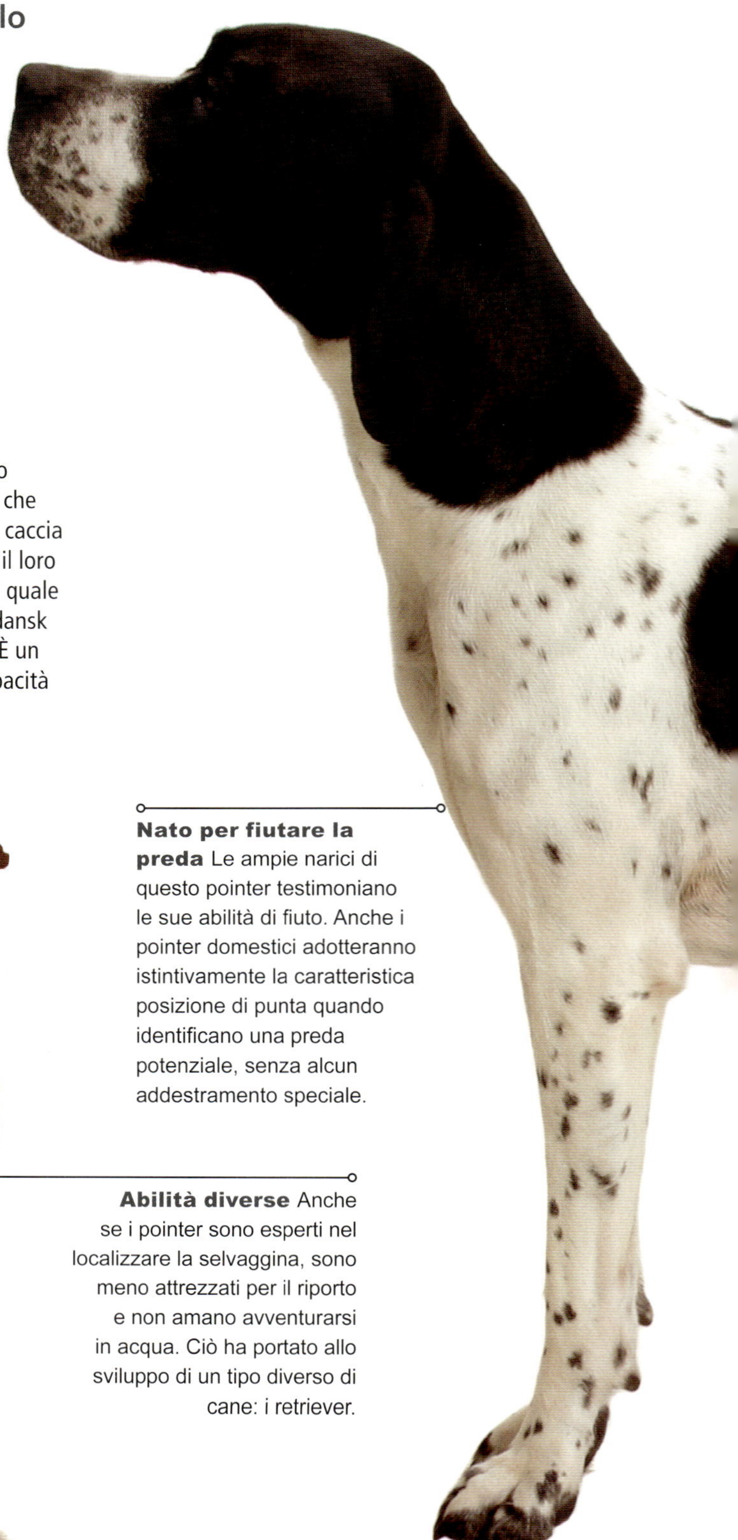

Nato per fiutare la preda Le ampie narici di questo pointer testimoniano le sue abilità di fiuto. Anche i pointer domestici adotteranno istintivamente la caratteristica posizione di punta quando identificano una preda potenziale, senza alcun addestramento speciale.

Abilità diverse Anche se i pointer sono esperti nel localizzare la selvaggina, sono meno attrezzati per il riporto e non amano avventurarsi in acqua. Ciò ha portato allo sviluppo di un tipo diverso di cane: i retriever.

I setter

Il gruppo dei setter, il cui nome deriva da un termine dell'inglese antico, set, che significa "sedersi", indicano la presenza di selvaggina nei paraggi sedendosi o a volte persino sdraiandosi. In questo modo il cacciatore ha la linea di fuoco libera.

La più popolare tra le razze di setter negli ultimi anni è stato il Setter irlandese, chiamato anche Setter irlandese rosso per il suo colore accesso. Questa razza incarna il temperamento vivace e piuttosto ribelle di questi cani, che tendono a correre via prontamente non appena percepiscono un odore interessante.

Mantello folto I Setter irlandesi hanno bisogno di frequenti spazzolate per mantenere i loro mantelli privi di grovigli. Il mantello è più fitto in inverno.

Posa caratteristica Un pointer indicherà la presenza di selvaggina adottando una inconfondibile postura "di punta". Il cane rimane immobile, con la testa relativamente bassa e coda e collo allungati.

Questione di carattere Bloccandosi in questa posizione, non c'è pericolo che il pointer riveli la sua presenza all'uccello o animale che sta cacciando.

ATTENZIONE

I cani da caccia possono sporcarsi di fango durante un'uscita in campagna. Aspetta che il fango si asciughi e poi potrai spazzolarlo via facilmente.

ATTENZIONE

I pointer sono relativamente facili da addestrare, essendo abituati a lavorare a contatto con le persone in un rapporto uno a uno. Sono affettuosi e non molto rumorosi, al contrario degli spaniel, che possono essere molto eccitabili.

Cani da riporto

Questo sottogruppo dei cani da caccia include gli spaniel, selezionati per stanare la selvaggina, e i retriever, selezionati per recuperarla. Il Labrador retriever è diventata la razza più numerosa al mondo ed è molto popolare come animale domestico, per la sua natura amichevole e il bell'aspetto.

Meglio la vita in campagna Gli spaniel sono cani entusiastici e socievoli, ma non sono una buona scelta come cane da compagnia se vivi in città e lo stesso vale anche per altri cani da caccia. Vivranno benissimo, invece, in contesti più rurali.

Il bisogno di retriever

Nel 1800, quando la caccia alla selvaggina divenne un hobby di moda tra i più facoltosi, crebbe l'esigenza di un nuovo tipo di cane. Non sarebbe servito a individuare la presenza di selvaggina e a stanarla, scopo per il quale esistevano già setter, pointer e spaniel, ma piuttosto avrebbe lavorato a fianco del suo conduttore per recuperare gli uccelli abbattuti. Per far ciò avrebbe avuto bisogno sia di resistenza che di una natura obbediente, oltre che di una certa capacità di adattamento nello svolgere il suo lavoro.

Ruoli mutevoli

I membri del gruppo retriever non sono più soltanto dei compagni di caccia, ma il loro ruolo si è notevolmente diversificato e nel corso del ventesimo secolo si sono adattati a svolgere molti altri compiti utili alla società. E tuttavia proprio le abilità di base apprese come cani da caccia li hanno resi adatti ad altri ruoli: il rumore degli spari, per esempio, non è diverso da quello del traffico e di conseguenza i Labrador retriever sono molto efficienti come cani guida (vedi pagina 140).

Spaniel al lavoro

Gli spaniel operano in modo diverso rispetto a setter o pointer: servono a stanare la selvaggina, spesso in aree boscose dove ci sono tanti nascondigli. Le orecchie pesanti, spesse e pendenti di questi cani sono relativamente immobili e contribuiscono a proteggere l'interno delle orecchie da danni quando i cani sono al lavoro nel folto sottobosco. Proprio come i pointer, anche le varie razze di spaniel si sono evolute per lavorare in diversi tipi di terreno, adattando i loro metodi di lavoro alla natura dell'ambiente.

UN CANE VERSATILE

Alcuni spaniel, di solito usati per stanare, sono abili anche nel riporto. Una delle qualità necessarie per questo compito è un temperamento solido, dato che cani particolarmente nervosi saranno spaventati dal rumore degli spari.

ATTENZIONE

Tenuti in famiglia, i Labrador retriever possono facilmente ingrassare invecchiando. Tieni sempre sotto controllo il peso del tuo cane.

Sviluppi del retriever

Proprio come è successo alla generazione precedente di cani da caccia (i pointer), anche i retriever si sono diversificati e sono state selezionate razze specifiche per i diversi terreni. In alcuni casi, come per il Vizsla, che è stato selezionato per lavorare nelle pianure dell'Ungheria, quello che era un pointer si è trasformato in un esemplare dal doppio ruolo, pointer e retriever. Ma la differenza principale tra questi due sottogruppi può essere trovata scavando nei loro rispettivi lignaggi. Al contrario dei pointer, la maggioranza dei retriever sono stati generati da esemplari usati per il lavoro in acqua. I Labrador, per esempio, furono ricavati da una razza allora chiamata Cane di St. John, nel Newfoundland, dove era solito aiutare i pescatori a tirare le reti. Questi cani da lavoro contribuirono allo sviluppo non solo del Labrador, ma anche del Flat coated retriever e del Curly coated retriever. Nel frattempo, sempre nell'America del Nord, nacquero cani da caccia specializzati come il Chesapeake bay retriever e il Nova Scotia duck tolling retriever. Quest'ultima razza, all'alba, aiutava i cacciatori in attesa facendo schizzi nell'acqua in modo da spingere gli uccelli acquatici a tiro dei loro fucili.

Aspetto differente L'aspetto dei cani da caccia più popolari – come i Golden retriever, per esempio – oggi varia sensibilmente a seconda se siano selezionati per le esposizioni o come cani da lavoro. I cani da lavoro tendono ad avere un aspetto più slanciato e meno uniforme, essendo giudicati alle prove di lavoro essenzialmente sulle loro abilità piuttosto che sul loro aspetto.

Scopri le differenze Il Golden retriever ha un mantello visibilmente più lungo e ondulato del Labrador retriever. I Golden retriever sono inoltre allevati solo di un colore, che può variare d'intensità.

Buoni compagni?

I cani di caccia si sono evoluti per lavorare in particolari habitat e molti di essi sono piuttosto specializzati. Tutti loro stabiliscono un forte rapporto con il loro conduttore, ma sono gli spaniel, i membri più piccoli del gruppo e quindi i più adatti al contesto domestico, quelli oggi più largamente usati come animali domestici. Anche se sono molto gioviali e socievoli per natura, questi cani sono pieni d'energia e per essere felici hanno bisogno di ricevere tante opportunità di sfogo.

Levrieri

I segugi sono considerati i più antichi cani domestici e già 6000 anni fa, nell'Antico Egitto, esistevano raffigurazioni di cani simili ai Greyhound. I segugi si dividono in due gruppi: uno che caccia grazie all'olfatto (vedi le pagine 154-155) e un altro che si affida alla vista per scovare la preda: i levrieri.

Allevati per il caldo

Molti levrieri furono originariamente selezionati in climi caldi e aridi, ai bordi del deserto del Sahara, per esempio. Ciò significa che hanno mantelli a pelo corto e fine senza un sottopelo denso che faccia da isolante. Di conseguenza soffrono il freddo alle latitudini più settentrionali e dovrebbero indossare un cappottino se portati fuori nei mesi invernali.

Adatti allo scopo

La forma della testa di un tipico levriero, se vista dal davanti, è stata paragonata a una pera a testa in giù. I levrieri hanno una vista eccellente per individuare movimenti a distanza, che potrebbero indicare la presenza di una preda, come una gazzella. La particolare forma del viso fa sì che gli occhi si trovino in posizione anteriore, sul davanti invece che sui lati, permettendo al levriero di focalizzare l'attenzione più efficacemente e di giudicare la distanza, mentre l'area nasale è allungata e piuttosto sottile. Gli stretti condotti nasali aiutano il cane a mantenersi fresco, ma sono meno efficaci nell'individuare gli odori che nei cani da pista (vedi le pagine 154-155).

Se lasciati liberi di individuare e inseguire la preda, i levrieri mettono in mostra una rapida accelerazione, con i Greyhound che sono capaci di raggiungere una velocità massima di 70 km/h per brevi distanze.

Lavoro in coppia I levrieri normalmente cacciano singolarmente, ma in Russia era tradizione che i Barzoi cacciassero in coppie, inseguendo i lupi. Avevano bisogno di sopraffare il lupo e tenerlo fermo fino all'arrivo dei cacciatori, che lo uccidevano con una spada o un pugnale.

Attacco furtivo

I levrieri sono degli scattisti, non corridori di lunga distanza. Il successo dipende dalla capacità di avvicinarsi il più possibile alla sua preda senza perdere l'elemento sorpresa. Nell'Africa del Nord, i levrieri nativi sono quindi tradizionalmente trasportati da cavalieri a dorso di cammello, con falchi che vengono usati per infastidire il bersaglio, prima di rilasciare i levrieri all'inseguimento della preda.

Personalità

I levrieri tendono a essere cani piuttosto timidi, persino nervosi in compagnia di estranei, ma sono molto rilassati con le persone che conoscono bene. Sono di natura gentile e tendono a non essere chiassosi o dominanti, ma sono sempre vigili. Le loro orecchie piuttosto piatte, poste parecchio indietro sui lati della testa, possono indicare eccitazione o interesse se vengono leggermente scostate della testa in una posizione più avanzata.

La coda, lunga e piuttosto sottile, si posiziona giù tra le zampe posteriori, spesso mostrando in punta una leggera curva verso l'alto; può essere allungata all'altezza della schiena, indice d'eccitazione, ma non è usata per comunicare tanto quanto in altre razze come i terrier. Invece i levrieri generalmente utilizzano la coda per controbilanciarsi durante la corsa.

CORSE DEI LEVRIERI

Le prime corse ebbero luogo nel 1876 a Londra in una pista non circolare, ma le corse non divennero popolari prima degli anni Venti. I levrieri da corsa inseguono una lepre meccanica lungo quella che oggi è diventata una pista circolare. I levrieri d'esposizione, al contrario, sono selezionati per i concorsi piuttosto che per le corse.

Corridore nato L'ampio torace di questo Greyhound gli fornisce buone capacità polmonari, aiutandolo a soddisfare il suo fabbisogno d'ossigeno mentre corre a tutta velocità, mentre le sue lunghe gambe gli permettono di coprire il terreno velocemente.

ATTENZIONE

I levrieri ritiratisi dalle corse sono ottimi animali da compagnia, essendo quieti per natura. Meglio dotarli di museruola durante la passeggiata, però, perché potrebbero inseguire piccoli cani e gatti.

Cani da pista

I cani da pista si sono sviluppati molto più recentemente dei levrieri (vedi le pagine 152-153). Erano stati creati per un diverso tipo di caccia, uno svago popolare tra gli aristocratici durante il Medioevo a partire da circa 1000 anni fa. Il primo cane da pista fu il St Hubert Hound, antenato dell'attuale Bloodhound.

Ruolo costante I Foxhound sono sempre stati tenuti esclusivamente per lo scopo per il quale furono selezionati. Fino a oggi non hanno mai partecipato a esposizioni, né sono diventati animali domestici.

Origini francesi

La caccia con i cani divenne un passatempo popolare nella Francia del Medioevo, con mute indipendenti che si evolvevano nelle diverse corti. Potevano esserci diverse forme della stessa razza base, discordanti in termini di taglia e mantello. Una mutazione significativa che si verificò in quest'area d'Europa fece nascere quelle che ora sono conosciute come razze bassotte: il nome deriva dalla parola francese *bas*, che significa "basso", riferendosi alla bassa statura di questi cani da pista.

Date le loro gambe corte, i Bassotti sono tipicamente accompagnati a piedi, piuttosto che a cavallo, e in genere cacciano piccole prede come conigli e lepri, piuttosto che i cinghiali inseguiti dalle loro controparti più grandi. Il caos sociale della Rivoluzione francese (1789-1799) vide la scomparsa di molte razze di cani da pista locali, insieme ai loro padroni aristocratici. Tuttavia, un piccolo numero è sopravvissuto e oggi i Bassotti sono diventati popolari come animali da compagnia.

FOXHOUND

La tradizione della caccia alla volpe ebbe inizio in Inghilterra e i pedigree dei diversi branchi iniziarono a essere archiviati molto prima dei cani da esposizione. I Foxhound furono portati anche oltreoceano e negli Stati Uniti vennero impiegati non solo per creare il Foxhound americano, ma anche per contribuire all'ascendenza di alcune razze di Coonhound (vedi pagina 137).

Punta bianca La coda del Bassethound solitamente ha la punta bianca in modo che possa essere visto dai cacciatori.

Compagni esuberanti

I cani da pista hanno bisogno di fare tanto esercizio e il loro comportamento esuberante ne è una diretta conseguenza. Sebbene siano di natura socievole, tendono a formare una gerarchia di branco quando vivono insieme. È un retaggio del lupo grigio, anche se dal punto di vista del temperamento sono completamente diversi: l'innata diffidenza del lupo è sparita, rimpiazzata da una vitalità naturale, che li rende attraenti come animali da compagnia. Sono molto amichevoli e ben disposti verso le persone, per cui di solito non sono adatti come guardiani.

Eccesso d'entusiasmo

I cani da pista amano far parte di un gruppo e sono quindi la scelta ideale per una famiglia con figli adolescenti, che hanno la stessa quantità di energia quando si tratta di giocare insieme. I cani da pista spesso manifestano la loro eccitazione grazie alla coda, scodinzolando festanti. Tuttavia addestrare un cane da pista non è così semplice come con molte altre razze, a causa delle loro abitudini di caccia: una volta individuata una traccia odorosa, si lanceranno all'inseguimento e sarà quasi impossibile richiamarli.

Abilità unica I Bloodhound sono apprezzati per la loro capacità di seguire "odori freddi", tracce lasciate dalla preda giorni prima. Alcuni studi hanno però dimostrato che, nonostante la sua corporatura atletica, questa razza è una delle meno longeve.

Intrappolare gli odori Le lunghe orecchie penzolanti del Bloodhound intrappolano le molecole olfattive vicino al naso, così come le pieghe della pelle intorno al collo.

ATTENZIONE

Mai dare da mangiare a un cane prima di un esercizio. Può portare a un gonfiore, spesso fatale (pagina 10).

Tipi di mantello

Non tutti i Bassotti – e, in realtà, anche i cani da pista di stazza maggiore – hanno mantelli corti e lisci. Esistono una serie di Bassotti a pelo duro, per esempio il Basset fauve de Bretagne, che deriva dal Griffon fauve de Bretagne, dalle gambe più lunghe.

La natura ispida del mantello di questi cani da pista li aiuta a non farsi male quando corrono nella boscaglia all'inseguimento della selvaggina. Il mantello inoltre non si ingarbuglia, un notevole vantaggio visto che sono stati selezionati per cacciare in branco piuttosto che per vivere in casa e in questo modo è più facile prendersi cura di un gruppo.

Ricerca e soccorso

I cani vengono usati da secoli per rintracciare le persone che si sono perse – spesso a causa di condizioni meteo avverse – grazie alla loro abilità nel localizzare la fonte di molecole olfattive presenti nell'aria. Aiutano anche a localizzare le vittime di un terremoto e le persone intrappolate nei disastri ferroviari.

Salvataggio in montagna

La razza più comunemente associata al lavoro di ricerca e salvataggio in montagna è il Cane di San Bernardo, un tempo conosciuto come Mastino delle Alpi. La razza fu selezionata in un monastero, fondato da San Bernardo di Mentone durante il decimo secolo e situato in alta quota sulle Alpi svizzere. Il ruolo di questi mastini, tenuti in origine come cani da guardia, si espanse e iniziarono a essere usati per rintracciare i viaggiatori stremati che rimanevano intrappolati nella neve invernale cercando di attraversare il vicino passo di montagna. I mastini vennero incrociati con i Bloodhound per migliorare le loro abilità di fiuto e il risultato è la razza che conosciamo oggi.

Mito I Cani di San Bernardo non hanno mai portato, in realtà, delle mini botti di brandy per ravvivare i viaggiatori assiderati. Questa credenza si diffuse a causa di un quadro di Sir Edwin Landseer (1802-1873) – il pittore di animali favorito della regina Vittoria – che mostrava questa scena. Era intitolato *Mastino delle Alpi che rianima un viaggiatore esausto.*

Salvatori di vite

I Cani di San Bernardo hanno continuato a svolgere il loro compito di cani da soccorso per secoli e il più famoso esemplare è stato Barry, che tra il 1800 e il 1812 ha salvato circa 40 persone da morte certa. Esiste ancora una discendenza da quei tempi antichi, quando Cani di San Bernardo vennero incrociati con Newfoundland: ancora oggi, alcuni di questi cani mostrano un mantello più folto e lungo di altri, che si pensava li avrebbe attrezzati meglio nelle operazioni di ricerca nel freddo pungente delle Alpi. Anche se la razza oggi non ha più questo scopo, a questi cani si deve il salvataggio di circa 2000 dispersi in totale.

CONSIGLIO

- *Giubbotti ad alta visibilità servono a rendere i cani da soccorso ben visibili e identificabili.*

Cani da valanga Gli svizzeri hanno usato i Pastori tedeschi fin dalla fine degli anni Trenta per localizzare le vittime di valanghe. I centri d'addestramento sono oggi comuni in tutta la regione alpina.

ATTENZIONE

Un addestramento scrupoloso è essenziale per il cane e il conduttore per fronteggiare assieme situazioni pericolose durante la ricerca.

Squadre volontarie

In aree potenzialmente pericolose frequentate da escursionisti e arrampicatori ci sono squadre di soccorso in montagna organizzate da volontari che possiedono cani specificatamente addestrati. In caso di cattivo tempo usciranno per trovare eventuali dispersi e in caso di incidente collaboreranno ai soccorsi. In questi casi vengono usati una varietà di cani e non sempre di razza pura, anche se si ricorre più di frequente a Labrador retriever e Border collie.

Duro addestramento

L'addestramento dei cani di salvataggio è molto difficile e di solito ci vogliono due o tre anni perché un cane raggiunga lo standard desiderato. Per prima cosa deve imparare a captare l'odore di una persona nell'aria, ad abbaiare forte e a correre avanti e indietro dal suo conduttore, guidando la squadra di soccorso direttamente alla persona scomparsa, che potrebbe essere priva di sensi e incapace di invocare aiuto. Per facilitare l'addestramento, la persona "ritrovata" deve lodare il cane, per incoraggiarlo.

Al lavoro

Sia il cane che il suo conduttore devono superare una serie di valutazioni formali per essere accettati e finché fanno parte della squadra devono sostenere regolarmente degli esami. Questo addestramento si è rivelato efficace anche nel caso di disastri naturali che provocano il crollo di palazzi, con numerose persone che restano intrappolate. I cani da ricerca e soccorso vengono trasportati in queste zone perché aiutino a trovare i sopravvissuti; la loro presenza è molto utile, dato che sono capaci di individuare il respiro umano, le cellule della pelle e la traspirazione.

ABILITÀ INVESTIGATIVE

Dato che a volte i cani da ricerca e soccorso trovano dei cadaveri, parte del programma d'addestramento serve a insegnar loro a non distruggere possibili prove sulla scena del crimine. In alcuni casi, i cani e i loro conduttori vengono contattati dalla polizia per collaborare alla ricerca di persone scomparse in aperta campagna. Questi cani devono essere capaci di percepire l'odore di una persona anche da sotto la neve.

Cani da slitta

I cani da slitta sono i più simili, tra tutti i cani domestici, ai loro antenati lupi. Forniscono una linea di comunicazione e trasporto per le comunità di tutta la regione artica, una linea che, ancora oggi, può spesso rivelarsi più affidabile dei mezzi meccanici di trasporto.

Organizzazione del branco

Lavorando in gruppi all'aperto, in quello che spesso è un ambiente estremamente freddo e duro, i cani da slitta di solito conservano forti istinti di branco. C'è una gerarchia evidente nel gruppo, proprio come in un branco di lupi. Ciò si riflette nel modo in cui il musher (chi conduce una slitta di cani) usa i cani; non vengono imbracati a caso: il cane guida in testa è il membro dominante del gruppo e probabilmente anche il più esperto. I cani non sono organizzati in questo modo solo per compatibilità canina, ma anche per la sicurezza di tutti. Gli altri cani seguiranno il capogruppo e la sua esperienza dovrebbe aiutarli tutti a evitare potenziali pericoli.

Splendidi occhi Questo cucciolo di Siberian husky ha gli occhi azzurri, una caratteristica tipica della razza.

Versatili I cani da slitta possono essere sorprendentemente versatili. Il Samoiedo, qui raffigurato, funge anche da pastore di renne, a conferma dell'intelligenza e adattabilità di questi cani.

ATTENZIONE

I cani da slitta sono per natura potenti e tireranno per istinto. Controlla questo comportamento quando addestri il tuo cucciolo.

GARE DI CANI DA SLITTA

Esistono gare organizzate per chi possiede cani da slitta da lavoro. In alcune nazioni del nord, in cui la neve non è presente per tutto l'anno, le squadre gareggiano tirando carretti invece di slitte.

Adattati al freddo La pelliccia del Samoiedo è molto resistente alle intemperie e il sottopelo molto denso, permettendo di trattenere il calore del corpo vicino alla pelle. La coda, lunga e arricciata, è ripiegata sopra il muso del cane quando dorme acciambellato, aiutando a tenere al caldo la testa.

Cane da slitta a metà Il Chinook è una razza poco popolosa e tende a essere tenuto principalmente come animale domestico, anche se può essere usato come cane da slitta per diletto.

Scaldadita Molti cani da slitta hanno una pelliccia che li aiuta a proteggere i cuscinetti delle zampe dal terreno ghiacciato sottostante.

Una nuova aggiunta

Non tutti i cani da slitta sono stati selezionati nell'estremo nord o sono di antico lignaggio. Il Chinook (sopra), riconosciuto come cane di Stato del New Hampshire, esiste da meno di un secolo. Fu concepito e creato da Arthur Walden, un cittadino di quello Stato che era anche un musher molto esperto. Decise di provare a creare una razza basandosi sull'aspetto del suo cane guida preferito, chiamato Chinook, un incrocio tra un Siberian husky e un cane di tipo mastino.

Chinook andò incontro a una triste fine, morendo in una spedizione nell'Antartico durante gli anni Venti, quando i cani da slitta venivano usati nelle esplorazioni, ma la razza è proseguita fino ai nostri giorni. Questi cani sono famosi per essere calmi e socievoli, con l'influenza dei mastini chiaramente visibile nella forma delle orecchie e nella coda a forma di sciabola, piuttosto diverse da quelle di altre razze da slitta.

Cani d'acqua

Tante razze diverse si sono adattate a lavorare nell'acqua. Tutti i cani sono in grado di nuotare bene e questa caratteristica è stata sfruttata di recente con lo sviluppo dell'idroterapia per i cani che soffrono di problemi muscolari o scheletrici.

ATTENZIONE

Tieni il cane al guinzaglio quando passi nei pressi di corsi d'acqua potenzialmente pericolosi, altrimenti potrebbe tuffarvisi.

Tecnica di nuoto

Molte delle razze create per lavorare nei fiumi e nei laghi e anche in mare aperto condividono un'ascendenza comune. Alcune mettono in mostra degli adattamenti specifici per lavorare in questo tipo d'ambiente, inclusa una membrana interdigitale che permette loro di nuotare con maggiore efficacia, come le zampe degli uccelli acquatici.

Retriever d'acqua

I cani sono stati impiegati sin dal Medioevo per recuperare gli uccelli acquatici abbattuti da laghi, fiumi e paludi (vedi le pagine 150-151). La progenie di questi cani oggi è rappresentata tipicamente dal Barbone e dall'Irish water spaniel, entrambi discendenti del Barbet, una razza oggi rara. Le razze che discendono dal Barbet sono riconoscibili per i loro mantelli ricci. Un altro esempio è dato dal Curly coated retriever, alla cui ascendenza hanno contribuito l'estinto English water spaniel, l'Irish water spaniel e il Barbone.

Forti code I cani che lavorano in acqua sono dotati di code larghe e spesse che li aiutano a nuotare nella giusta direzione.

Mantello intelligente Il pelo riccio del Labradoodle è idrorepellente e allo stesso tempo trattiene l'aria calda vicino al corpo. Questi cani sono stati selezionati come cani guida ipoallergenici perché non perdono molti peli.

Non solo estetica

È importante che un cane che deve recuperare la selvaggina possa nuotare agilmente, senza al tempo stesso soccombere all'acqua fredda. La toelettatura dei Barboni d'esposizione è molto scrupolosa e potrebbe sembrare soltanto decorativa, ma questo tipo di taglio risale al loro passato di lavoratori. Le parti non tosate del corpo lo aiutano a tenersi caldo e le articolazioni sono protette dalla pelliccia. Le parti tosate delle gambe offrono meno resistenza all'acqua quando il cane sta nuotando, cosicché deve impiegare meno energia. Il pelo sulla punta della coda forma un pompon, in modo che il cane possa essere facilmente visto in acqua; nei Barboni di casa invece il pelo viene lasciato in maniera uniforme su tutto il corpo.

Compagni veri

Non è una coincidenza che molti retriever d'acqua siano diventati popolari come animali domestici, perché questi cani si sono sviluppati per lavorare a stretto contatto con le persone. Il più popolare tra gli incroci tra razze purosangue è oggi il Labradoodle, il risultato dell'incrocio tra Labrador retriever e Barbone, con la sua natura intelligente e obbediente e l'indole socievole. I primi risultati erano piuttosto variabili e tendevano a favorire uno dei due genitori, ma oggi l'accoppiamento tra Labradoodle dà come risultato cuccioli con un aspetto più uniforme.

Giubbotto di salvataggio
Anche i cani, pur essendo eccellenti nuotatori, dovrebbero indossare un giubbotto di salvataggio in barca.

TECNICA DI NUOTO

Tutti i cani, che siano abituati all'acqua o meno, utilizzano la stessa tecnica quando nuotano, spesso chiamata "a cagnolino" anche quando impiegata da nuotatori umani. Nuotano per lungo, apparentemente usando le zampe anteriori, anche se in realtà è la potenza delle loro muscolose zampe posteriori a fornire la spinta in avanti. Il cane rimarrà piuttosto basso sull'acqua, ma tenendo il naso sopra la superficie. La coda agisce come timone, aiutandolo a sterzare.

Asciugarsi

I Labradoodle e i loro antenati hanno una particolare confidenza con l'acqua e saranno felici di poter nuotare. Ricorda però di lasciare al tuo cane tanto spazio quando esce dall'acqua: si scuoterà per asciugarsi in una maniera molto caratteristica, facendo ruotare efficacemente il corpo da un lato all'altro a gran velocità e spruzzando via l'acqua dal suo mantello idrorepellente su un'area sorprendentemente vasta. Una volta che si è scrollato in questo modo per rimuovere gran parte dell'acqua, il resto evaporerà piuttosto velocemente dal mantello. Questa rapidità nell'asciugarsi lo aiuta a evitare di gelare quando fa freddo, ciò nonostante dovresti sempre asciugarlo con un asciugamano dopo che si è scrollato, soprattutto se devi riportarlo a casa in auto. Se un cane è stato al mare, una volta a casa è preferibile fargli un bagno per rimuovere l'eccesso di depositi di sale dalla pelliccia (vedi pagina 108).

Cani dell'esercito

I cani hanno una lunga storia di servizio nell'esercito, che va indietro di molti secoli. Hanno ricoperto una varietà di ruoli, tirando i carri di munizioni e fungendo da messaggeri, e le loro mansioni sono cambiate di pari passo con la natura dei conflitti. Tra i compiti più recenti c'è l'individuazione di ordigni esplosivi nascosti.

Sul campo di battaglia

In passato, i cani erano utilizzati nel combattimento vero e proprio, ma con l'avvento della polvere da sparo il loro coinvolgimento sul campo di battaglia è terminato. In ogni caso, dai racconti del periodo si intuisce come a volte nel caos della battaglia potessero diventare controproducenti, arrivando persino ad attaccare i soldati della loro stessa fazione. Venivano impiegati feroci cani di tipo mastino, probabilmente più grandi e di sicuro più aggressivi delle razze moderne.

Retaggio storico

I Mastiff moderni derivano comunque da quest'era, ed esiste un riferimento diretto con la battaglia di Agincourt, che ebbe luogo nel 1415 tra le armate inglesi e francesi. Sir Peers Legh, Cavaliere di Lyme Hall, nella contea inglese del Cheshire, fu ferito a morte ma fu protetto fedelmente dal suo Mastiff prediletto. Dopo la battaglia, il cane fu riportato nel Cheshire e fondò la stirpe di Lyme Hall, che è ancora presente nel pedigree dei Mastiff di oggi.

Ottimo soldato
Il Pastore tedesco è una delle razze più popolari tra quelle utilizzate dalle forze armate.

ADDESTRAMENTO MILITARE

I cani vengono addestrati con cura per i loro diversi ruoli nell'esercito, lavorando a stretto contatto con i loro conduttori. Non tutti i cani ce la fanno, tuttavia, proprio come accade tra le reclute umane. Un numero sorprendentemente alto di cani utilizzati dall'esercito sono in realtà trovatelli prelevati dai rifugi per animali.

I cani nelle forze armate oggi

Le abilità dei cani sono ancora oggi tenute in alta considerazione dalle forze armate e hanno salvato un'infinità di vite nei recenti conflitti in Iraq e Afghanistan.

Una vicenda del genere ha visto protagonista Buster, uno Springer spaniel di cinque anni. Poco dopo la caduta di Baghdad, le truppe inglesi stavano cercando di sedare un'insurrezione nella città meridionale di Safwan. Un'attenta ricerca non era riuscita a scoprire alcun deposito di munizioni, ma le abilità olfattive di Buster rivelarono presto un grande stock di armi, oltre che droghe, nascosto in una cavità di un muro. Seguirono arresti e, come diretta conseguenza del successo di Buster, nella zona tornò la pace. Per il suo coraggio in tutta la campagna gli fu conferita la Dickin Medal, che premia il lavoro degli animali in guerra.

Prima guerra mondiale

Durante la Prima guerra mondiale, alcuni cani vennero addestrati come guardiani contro eventuali sabotatori, mentre altri fungevano da messaggeri. Quest'ultimo ruolo si addiceva particolarmente alle loro caratteristiche, perché potevano correre velocemente nel fango e nelle trincee, in un periodo in cui le comunicazioni sul campo erano relativamente primitive. Servivano anche ad alzare il morale delle truppe, in particolare di quelle sul fronte.

Il servizio in seguito

Nei conflitti seguenti, i cani hanno ricoperto una varietà ancora maggiore di ruoli. Sono stati paracadutati dagli aerei per lavorare con i loro conduttori, hanno avvisato le truppe della presenza di campi minati e cercato armi, oltre a essere stati messi a guardia di installazioni militari chiave. In perlustrazione, sono stati in grado di allertare i soldati sulla posizione del nemico.

Questi sono alcuni dei ruoli fondamentali che hanno avuto nella guerra del Vietnam, in cui prestarono servizio attivo più di 4000 cani dell'esercito. In passato, il regolamento di servizio prevedeva che questi cani fossero soppressi una volta terminata la loro vita da lavoratori, ma oggi vengono destinati a una nuova casa.

Sempre in allarme
Il taglio delle orecchie può far sembrare alcune razze, come questo Dobermann, più aggressive e minacciose durante il servizio militare, anche se questa pratica è oggi vietata in molte nazioni.

ATTENZIONE

Le cure veterinarie sono molto importanti per cani che lavorano in aree in cui potrebbero essere esposti a nuove malattie e parassiti.

Cani antidroga

Gli uomini hanno sfruttato le capacità olfattive dei cani in diverse situazioni e si è dimostrato possibile utilizzare cani addestrati nella battaglia in prima linea contro il traffico di droghe. In effetti questi cani si sono rivelati così efficaci che le gang della droga potrebbero aver messo una taglia sulle loro teste.

Captare l'odore I cani sono incoraggiati a camminare sopra le valigie dei passeggeri distese a terra, per fare fuoriuscire con il loro peso l'odore delle droghe nascoste.

Attributi chiave

Dato che addestrare questi cani è costoso, il processo di selezione inizia quando i cani hanno tra uno e tre anni d'età e ancora una buona prospettiva di vita lavorativa di fronte a loro. Vengono accuratamente analizzati per qualsiasi potenziale problema di salute che potrebbe compromettere le loro capacità di lavoro e ne viene quindi testata l'idoneità. Dovendo lavorare sotto pressione, i cani antidroga devono avere buone capacità di concentrazione, in modo da non farsi distrarre facilmente da quel che succede attorno a loro in un deposito merci, per esempio, o mentre annusano le valigie su un nastro portabagagli di un aeroporto.

Coppia affiatata

Fin dal principio si instaura un legame molto forte tra il cane e il suo conduttore. I cani di solito non vengono scambiati tra i conduttori, ma lavorano come una squadra affiatata per ottenere risultati migliori.

Le razze da usare

Diverse razze sono state addestrate a localizzare le droghe, con gli spaniel e i retriever che si sono ben distinti in questo ruolo. Sono spesso preferiti ai più tradizionali cani da pista, semplicemente perché per istinto sono più portati a collaborare con una singola persona. Si tende a preferire i cani di razza pura perché spesso hanno capacità di fiuto migliori e più specializzate dei meticci, ma per questo lavoro sono stati usati anche incroci.

ATTENZIONE

I cani che consumano inavvertitamente della cannabis manifestano prima eccitabilità, poi perdono coordinazione e infine diventano indolenti.

Addestramento iniziale

Uno dei test più comuni per determinare se un esemplare ha la predisposizione per diventare un efficiente cane antidroga è guardare la sua reazione quando gli si fa rimbalzare una palla di fronte. Vengono scelti i cani che si focalizzano sulla palla, invece che sulla persona, perché così dimostrano buone capacità di concentrazione. L'addestramento iniziale è spesso basato sul riconoscimento della cannabis. Ci possono volere in media 6 settimane perché un cane padroneggi questa capacità e l'addestramento inizia con una piccola quantità di droga nascosta in un asciugamano.

Progresso

Una volta che il cane ha mostrato il suo potenziale e superato un rigoroso test, è quindi probabile che impari a riconoscere altre droghe, come l'eroina. Non tutti i cani riescono a raggiungere il massimo livello d'addestramento: quelli che falliscono lasceranno il programma e troveranno una nuova casa. Ogni conduttore inizia lavorando con due cani, visto che un numero significativo non completerà con successo l'addestramento.

Reazione celata

Per non allertare un trafficante che potrebbe star osservando la scena, è importante che soltanto il conduttore capisca che un cane ha trovato della droga in un nascondiglio. Quando lo scopo è acciuffare dei criminali, si ricorre ai cosiddetti "cani passivi", che si siederanno e indicheranno sottilmente la presenza di droghe, invece di correre dalla persona coinvolta.

MOLTO VERSATILE

Una delle ragioni per le quali i cani vengono usati nella lotta al traffico di droga è che la loro possibile presenza in varie ubicazioni funge già da deterrente. Possono essere usati non solo negli aeroporti, ma anche nei moli per controllare le merci in entrata nei container, una delle rotte preferite per il traffico di grosse partite di droga.

Escluso a priori Nonostante le loro ovvie capacità, i Bloodhound non vengono usati come cani antidroga. Il problema è che vorranno seguire un odore, piuttosto che limitarsi a rivelare che l'hanno individuato.

Cani antitumore

Le capacità olfattive dei cani sono note da secoli, ma solo di recente è emersa la loro abilità nell'individuare i tumori nelle persone. Questa straordinaria capacità è adesso diventata oggetto di serio interesse da parte dei ricercatori e ha contribuito a una migliore conoscenza di vari tipi di tumore.

Primi indizi di questa capacità

Le ricerche in quest'area iniziarono a fine anni Ottanta in seguito al caso di una femmina di Dalmata di nome Trude, che cercò ripetutamente di mordicchiare via un neo dalla gamba del suo padrone. L'uomo andò dal medico e fece la sconvolgente scoperta che quella macchia sulla pelle era, in realtà, un melanoma maligno, un tumore molto pericoloso. Il caso finì su tutti i giornali e da lì emersero altri casi di cani che avevano allarmato i loro padroni di simili patologie.

Diagnosi di tumore al seno

In uno dei casi più interessanti un cane avvertì la sua padrona della presenza di un tumore al seno cercando insistentemente di raggiungere la zona affetta. Una volta rimosso il tumore, il comportamento del cane tornò normale per un po', ma dopo circa tre mesi ricominciò a comportarsi in quel modo. Un successivo check-up rivelò che una piccola area di tessuto cancerogeno era ancora presente nel seno della donna. Studi condotti negli Stati Uniti e nel Regno Unito dimostrarono ben presto che i cani potevano essere addestrati a riconoscere vari tumori e che i cambiamenti nel respiro di una persona colpita da un tumore al seno possono allertare un cane del problema.

Troppe informazioni?

Dato il loro senso dell'olfatto altamente sviluppato, viene il dubbio che i cani potrebbero percepire così tanti odori da rischiare di andare in confusione ma, in realtà, li percepiscono in maniera differente rispetto a noi. Noi percepiamo, per esempio, il curry come un odore caratteristico, mentre i cani riconoscono i diversi odori delle singole spezie e così possiedono la capacità di distinguere un curry da un altro. Il loro cervello è altamente sviluppato per l'elaborazione e l'interpretazione delle informazioni olfattive (vedi pagina 104).

Una tecnica semplice

L'addestramento con il clicker, usato spesso per il lavoro d'obbedienza, è una tecnica utilizzata anche con i cani che lavorano in questo campo. Quando il cane risponde correttamente è premiato con un click e così capisce cosa ci si aspetta che faccia.

Nessun bisogno dei cani La capacità dei cani di individuare i tumori ha rivoluzionato la ricerca: adesso è chiaro che a ogni cancro è associato uno specifico odore. Il piano a lungo termine è quello di riuscire a riconoscere questi biomarcatori chiave e sviluppare una tecnologia che possa individuarli.

L'addestramento per questo compito

In alcuni casi, i cani sono stati chiaramente in grado di percepire un'anomalia nei loro padroni senza alcun addestramento. Gli scienziati hanno quindi iniziato a lavorare con addestratori esperti per capire se c'è modo di insegnare ai cani a individuare la presenza di cellule tumorali anche in campioni. I risultati sono stati notevoli, come testimonia il caso di George, uno Schnauzer che ha preso parte a un esperimento a Tallahassee, Florida. Già addestrato a individuare esplosivi, George non ebbe difficoltà nell'individuare i tumori alla pelle con l'olfatto, con una percentuale di successo del 99%.

Scoprire diversi tumori

Nel Regno Unito i cani sono stati addestrati a individuare il cancro alla vescica da campioni di urine e, sebbene la percentuale di successo non sia così alta come nel caso di George, è sensibilmente migliore di quanto sarebbe stata altrimenti. Cosa ancora più importante, durante le prime fasi della malattia i cani hanno una percentuale di successo più alta rispetto ai tradizionali metodi di diagnosi, come la TAC (tomografia assiale computerizzata). Sono stati usati anche campioni di respiro, con i cani che ancora una volta hanno mostrato di possedere la capacità di individuare non solo il tumore al seno, ma anche quello ai polmoni. È emerso anche che alcuni cani sono più dotati di altri in questo campo diagnostico.

CLONI ANTITUMORE

Essendo stata sterilizzata, Marine, un Labrador retriever che aveva mostrato un talento eccezionale nell'individuare i tumori in Giappone, non poteva avere cuccioli. Di conseguenza, è stata clonata nella Corea del Sud e gli scienziati sperano che, come avvenuto in precedenza con i cloni di cani antidroga, i "cuccioli" di Marine abbiano ereditato la sua capacità.

ATTENZIONE

Anche le cagne stesse possono essere soggette al cancro al seno. Se noti delle escrescenze, consulta subito il veterinario.

Il processo d'apprendimento L'addestramento dei cani antitumore segue un metodo molto simile a quello usato per insegnare ai cani a riconoscere l'odore delle droghe o degli esplosivi. I cani sono in grado di riconoscere odori specifici, potendo così concentrarsi nell'individuare un tumore alla vescica o alla prostata in un campione d'urine, per esempio.

Glossario

Abbaio Il vocalizzo tipico di un cane, che serve come avvertimento, spesso intimidatorio. L'abbaio è una caratteristica della maggior parte dei cani domestici, con alcune razze che abbaiano più di frequente di altre.

Addestramento all'obbedienza Il modo in cui un cane è addestrato a seguire i comandi del suo conduttore.

Addestramento al passo Un cane è addestrato a camminare a fianco al suo conduttore.

Agility (gara) Uno sport canino in cui i cani competono in un percorso a ostacoli, incoraggiati dal loro conduttore e cronometrati, con una perdita di punti per ogni errore commesso, come saltare un ostacolo.

Anticorpi Proteine protettive presenti nel sangue e nei fluidi corporei che costituiscono una parte fondamentale del sistema immunitario, proteggendo dalle infezioni. Lo sviluppo di anticorpi può essere innescato dalla vaccinazione o essere il risultato di una vera infezione.

Bobtail Una coda che per natura si presenta grandemente ridotta in lunghezza, tipicamente associata alle razze da pastore, come il Bobtail, appunto.

Branco Un gruppo di cani o altri canidi.

Cagna Il termine usato per indicare un cane femmina.

Calore Il periodo del ciclo riproduttivo della cagna durante il quale sta ovulando o rilasciando ovuli dalle sue ovaie (conosciuto anche come estro). Molte cagne domestiche hanno due periodi di calore l'anno.

Cane da caccia Un cane usato per recuperare la selvaggina.

Cani da grembo Così vengono ribattezzati i cani di piccola taglia tenuti esclusivamente in casa come animali da compagnia, perché sono abbastanza piccoli da sedere in grembo al padrone.

Cani da pastore Cani la cui funzione primaria è radunare gli animali d'allevamento, tipicamente pecore e bovini.

Cani da pista Un gruppo di segugi, tra cui il Beagle, che rintracciano le loro prede soprattutto grazie all'olfatto.

Ibrido Il Labradoodle è una razza recente ricavata incrociando Labrador retriever e Barboni.

Cani da slitta Razze come il Siberian husky che sono state usate per secoli nell'Artico per tirare le slitte, fornendo un fondamentale mezzo di comunicazione in queste aree.

Canidi Un termine generale usato per tutti i membri della famiglia Canidae, che include lupi, coyote, volpi, sciacalli e il cane domestico.

Canino Oltre a essere un aggettivo qualificativo del cane, è anche il nome dato al dente lungo e appuntito presente in ogni angolo della bocca, dietro gli incisivi.

Castrato Un cane che è stato sottoposto a intervento chirurgico (oggi in disuso) per evitare che possa riprodursi. Nelle cagne si parla di sterilizzazione.

Cimurro Una malattia virale potenzialmente fatale per i cani, facilmente evitabile con una vaccinazione. I cani che guariscono dal cimurro in futuro possono andare incontro a complicazioni.

Comportamentista per cani Una persona che studia il comportamento dei canidi, specialmente i cani domestici, e aiuta a superare problemi di comportamento.

Conduttore La persona che si occupa di accompagnare il cane durante una passeggiata o quando prende parte ad altre attività, come le gare d'agility.

Cucciolata Guppo di cuccioli partoriti nella stessa occasione da una cagna.

Cuscinetti L'area priva di pelo nella parte inferiore delle zampe del cane.

Denti carnassiali (o ferini) La combinazione dell'ultimo dente premolare superiore e il primo molare inferiore. Lavorando insieme, questi denti hanno la funzione di dilaniare e contribuiscono alla lacerazione della preda.

Dingo Una forma primitiva di cane selvatico che vive in Australia, perseguitato perché considerato una minaccia dagli allevatori di pecore. Negli ultimi anni si è sempre più incrociato con i suoi parenti domestici.

DNA Un acronimo per acido desossiribonucleico, il DNA è la base genetica per la comparsa di tutte le forme di vita conosciute (a parte alcune forme di virus) e codifica tutte le caratteristiche dell'organismo nella sua struttura a doppia elica.

Domesticazione Il processo per cui un animale selvatico si abitua a vivere in armonia con le persone, attraverso l'allevamento.

Dominante Un individuo assertivo o un tratto genetico che può diventare evidente nella prima generazione di cuccioli.

Epilessia Un disordine convulsivo che si manifesta con attacchi improvvisi.

Ereditario Un carattere codificato nei geni che viene trasmesso da una generazione alla successiva.

Feromoni Messaggeri chimici che sono prodotti in piccole quantità e trasportati dalle correnti aeree. Sono usati da una cagna per attirare i cani maschi quando è in calore.

Garrese Il punto più alto delle spalle e il livello che serve come punto di riferimento standard quando si misura l'altezza dei cani.

Gerarchia sociale L'organizzazione o struttura dei cani all'interno del branco, con alcuni individui che sono dominanti.

Ghiandola Un organo del corpo che secerne una sostanza chimica che agirà in tutto il corpo, solitamente facendola trasportare dal flusso sanguigno (ghiandole endocrine); rilasciando una secrezione sulla pelle (per esempio, ghiandole sudorifere) o producendo latte (ghiandole mammarie).

Gioco di lotta Il modo in cui due cani che si conoscono bene si cimentano in finte lotte, senza causarsi ferite. Questo comportamento è più frequente nei cuccioli.

Gonfiore Il risultato di un innaturale accumulo di gas nello stomaco, che lo fa diventare gonfio, con la possibilità di causare una torsione dello stomaco (torsione gastrica). È un problema in particolare nelle razze grandi dal torace stretto, come l'Alano. Dargli da mangiare prima di uno sforzo fisico può contribuire a questa condizione potenzialmente letale.

Guaito Un richiamo ripetitivo emesso dai cani domestici quando stanno avendo difficoltà nell'attirare l'attenzione.

Guardiano Un cane che protegge persone o proprietà, come un cane da protezione del gregge.

Ibrido Il risultato di un accoppiamento tra due specie diverse.

Incrocio L'accoppiamento tra due razze diverse, un fenomeno sempre più diffuso che serve come base per creare razze "ibride". I cuccioli risultanti da un incrocio saranno probabilmente di aspetto variabile. È una tendenza che ha lo scopo di creare cani con caratteristiche specifiche, come i cani ipoallergenici. L'incrocio più famoso è il Labradoodle, ricavato originariamente dall'accoppiamento tra esemplari di Labrador retriever e Barboni.

Incursione Ingresso nel territorio di un altro cane.

Infezione Un attacco al sistema immunitario corporeo di un batterio, virus o parassita che può creare i sintomi di una malattia.

Latrato Il richiamo molto particolare e melodico lanciato da un cane da pista quando sta seguendo una traccia. Questo richiamo a distanza permette ai membri di un branco di tenersi in contatto.

Levrieri Segugi, come il Greyhound, che usano la loro vista acuta per individuare la preda e contano sulla loro velocità per acciuffarla.

Lignaggio L'ascendenza di un particolare cane, che si estende all'indietro di numerose generazioni.

Linguaggio del corpo Un metodo di comunicazione che si basa sulla postura del corpo, spesso usato insieme ad altri indicatori diretti dell'umore di un cane, come il ringhio o altre forme di vocalizzazione.

Lussazione della rotula Una debolezza della rotula che colpisce soprattutto le razze di piccola taglia e che ne causa una facile dislocazione. Di solito è un problema congenito (esistente dalla nascita) e probabilmente richiede un intervento chirurgico correttivo.

Mammelle Le aree rigonfie sulla pancia della cagna, succhiando le quali i cuccioli ottengono il latte. Molte cagne hanno dieci mammelle, ma le razze di piccola taglia potrebbero averne meno.

Marcare il territorio L'uso di urina, sudore, feci e secrezioni della ghiandola anale per marcare un'area.

Microchip Un microchip contenente un codice univoco inserito sotto la pelle del collo di un cane per permettere la sua identificazione se si perde o si allontana. Il chip è attivato da uno speciale lettore.

Muso La parte frontale della faccia di un cane, che include il naso, sensibilmente più lungo in alcune razze come il Greyhound rispetto ad altre, come il Carlino.

Parassiti Organismi che si installano sopra o dentro il corpo del cane causandogli dei fastidi e traendo beneficio per se stessi.

Partorire Mettere al mondo i cuccioli.

Pelo del collo Il cane può sollevare quest'area del mantello come gesto d'avvertimento, accompagnandolo con ringhi o abbai.

Periodo di gestazione La gravidanza nei cani dura, di norma, 63 giorni.

Pointer Una razza di cani da caccia.

Predatorio Istinto di caccia mostrato da una specie (un predatore) in cerca di prede.

Randagio Un cane senza padrone che vive per strada, nutrendosi di resti alimentari.

Razza Un tipo di cane chiaramente riconoscibile, caratterizzato e distinto dal suo aspetto, come stabilito dallo standard della razza (le caratteristiche che definiscono una razza, stabilite dall'associazione cinofila).

Razza da lavoro Una razza di cane creata per lavorare a fianco dell'uomo, per esempio un cane da guardia come un Rottweiler o un cane da slitta come un Samoiedo.

Retriever Un gruppo di razze usate in origine come cani da caccia per recuperare gli uccelli acquatici abbattuti e oggi utilizzate per una gamma di compiti molto più vasta.

Rigurgitato Rimesso: le cagne rigurgiteranno cibo solido durante lo svezzamento dei loro cuccioli.

Ringhio Un suono basso, simile a un brontolio, emesso da un cane come avvertimento e che aumenta di frequenza se ignorato. Quando l'avvertimento si fa pressante il ringhio aumenta di intensità e il cane mostra anche i denti.

Salivazione L'aumento di produzione di saliva delle ghiandole salivari nella bocca.

Secrezione La fuoriuscita di una sostanza chimica da una ghiandola o cellula che ha una funzione utile.

Selvatico Cane che non è stato addomesticato o che è tornato a una esistenza indipendente, vivendo da "spazzino" attorno a insediamenti umani invece di andare a caccia.

Socializzazione Il bisogno per i cuccioli di sperimentare ed esplorare ciò che li circonda fin da piccoli, per evitare di esserne impauriti e innervositi in futuro.

Sonno REM La fase del sonno in cui un cane può compiere piccoli movimenti e contrazioni, sebbene stia dormendo profondamente.

Spazzino Animale che si nutre di cibo che è stato scartato o abbandonato piuttosto che cercare attivamente una preda.

Svezzamento Il processo per mezzo del quale un cucciolo passa dal latte della madre a un'alimentazione basata interamente su cibi solidi.

Taglio della coda La rimozione di una parte variabile della coda di un cucciolo poco dopo la nascita. In origine serviva a proteggere da danni i cani da lavoro, ora è illegale in molte nazioni.

Taglio delle orecchie Consiste nel tagliare le orecchie dei cuccioli in modo che la restante cartilagine le faccia rimanere dritte. Tra le razze trattate in questo modo ci sono Dobermann e Alano, ma questa pratica è ora illegale in molti paesi.

Territoriale Un'attitudine protettiva verso un territorio, propria di un cane che difende la casa da un intruso.

Toelettatura Il processo di mantenimento del mantello di un cane, che può voler dire semplicemente spazzolarlo e pettinarlo o ricorrere a tecniche particolari quali lo stripping.

Tono muscolare La forza e volume del muscolo. Il tono muscolare diminuisce nel caso di cani meno attivi.

Torsione gastrica Vedi Gonfiore.

Ultrasuono Suono che supera il livello massimo di frequenza di 20.000 hertz udibile dall'uomo, ma che tuttavia può essere sentito dai cani.

Ululato Un potente richiamo spesso emesso dai lupi, udibile anche a lunga distanza e più comunemente usato dai cani da slitta.

Vaccinazione L'uso di un vaccino per stimolare la risposta del sistema immunitario del corpo e proteggerlo da un'infezione. Per mantenere un livello efficace di protezione sono necessari dei richiami annuali.

Vascolare Tessuto con un ottimo apporto di sangue.

Vocalizzo Qualsiasi suono emanato dalle corde vocali di un cane.

Zampe posteriori La parte posteriore del cane, molto muscolosa.

Svezzamento I cuccioli di solito vengono svezzati e passano a un'alimentazione solida tra la quarta e la sesta settimana.

Letture consigliate

Per saperne di più

Alderton, David. *How to Talk with Your Dog*. Howell Book House, 2000.

Alderton, David. *Your Dog Interpreter*. Reader's Digest, 2007.

Alderton, David. *Smithsonian Handbooks: Dogs*. Covent Garden Books, 2009.

American Kennel Club, The. *The Complete Dog Book*. Ballantine Books, 2006.

Baer, Ted. *Communicating with Your Dog: A Humane Approach to Dog Training*. Barron's Educational Series, 1999.

Canadian Kennel Club, The. *The Canadian Kennel Club Book of Dogs*. Stoddard Publishing, 1988.

Combe, De Prisco, Andrew & Johnson, James B. *Canine Lexicon*. TFH Publications, 1993.

Gagne, Tammy. *Designer Dogs: Animal Planet™ Pet Care Library*. TFH Publications, 2008.

Jackson, Frank. *The Dictionary of Canine Terms*. Crowood Press, 1995.

Kennel Club, The. *The Kennel Club's Illustrated Breed Standards*. Ebury Press, 1998.

Leach, Laurie. *The Beginner's Guide to Dog Agility*. TFH Publications, 2006.

Leach, Laurie. *The Intermediate's Guide to Dog Agility: Take Your Game to the Next Level*. TFH Publications, 2010.

Lindsay, Steven R. *Handbook of Applied Dog Behavior and Training, Volume 1: Adaptation and Learning*. Iowa State University Press, 2000.

Lindsay, Steven R. *Handbook of Applied Dog Behavior and Training, Volume 2: Etiology and Assessment of Behavior Problems*. Iowa State University Press, 2001.

Miklósi, Adam. *Dog Behavior, Evolution and Cognition*. Oxford University Press, U.S.A., 2009.

Sanderson, Angela. *The Complete Book of Australian Dogs*. The Currawong Press, 1981.

Serpell, James. *The Domestic Dog: Its Evolution, Behaviour, and Interactions With People*. Cambridge University Press, 1996.

Wilcox, Bonnie & Walkowicz, Chris. *The Atlas of Dog Breeds of the World*. TFH Publications, 1989.

Yarden, C. Miriam. *Hey Pup, Let's Talk!* Barron's Educational Series, 2000.

Testi italiani

AAAVV, *L'enciclopedia internazionale dei cani*, De Vecchi, 2008.

Coren, Stanley, *Capire il linguaggio dei cani*, F. Muzzio, 2009.

De Martini, Chiara e Giancarlo, *Agility*, De Vecchi, 2003.

Fennell Jan, *Ascolta il tuo cane*, Salani, 2002.

Graeme Sims, *Il linguaggio segreto dei cani*, Sperling & Kupfer, 2012.

Hallgren, Anders, *Come sviluppare l'intelligenza del cane*, De Vecchi, 2011.

Horowitz Alexandra, *Come pensa il tuo cane: tutti i segreti del migliore amico dell'uomo*, Oscar Mondadori, 2010.

Marchesini Roberto, *Dizionario bilingue: italiano/cane, cane/italiano*, Nuova ed, 2011.

Rossi Valeria, *Il linguaggio del cane*, De Vecchi, 2010.

Rossi Valeria, *342 cani di razza*, De Vecchi, 2010.

Sondermann Christina, *Giocare con il cane*, De Vecchi, 2011.

Warner Trevor, *Cani: il linguaggio del corpo. 100 modi per capirli*, De Agostini, 2011.

Associazioni di riferimento

ENCI, Ente Nazionale della Cinofilia Italiana
V.le Corsica 20, 20137 Milano
www.enci.it

FCI, Federazione Cinologica Internazionale
www.fce.be

Indice analitico

I numeri di pagina in grassetto indicano le occorrenze più significative.

A

abbaio 22-23, 26, **31**, 34, 36-38, 143, 168
acqua **16-17**, 73, 120-121
addestramento **68-69**, 84-85, 90, 93, 95, 166, 168
addestramento in casa **86**
aggressività 36, 38-39, 48-49, **112-113**, 114-116, 147
agility 29, **70-71**, 145, 168
Akita 137
Alano 51, 61, 66, 134
alghe 16
alimentazione 18, 20, 67
allattamento 61, 78-80
ambientarsi 84-85
amicizie 49, **56-57**, 59, 77, **92-93**, 110-11, **128-129**
animali d'allevamento **122-123**, 143, 144
ansia da separazione 23, 67, **88**, 139
ansimare **17**, 67
aprire le porte 23
artigli 14-15, 36, 62, 66-67, 76
assicurazione 62
Australian cattle dog 42, 122, **135**

B

bagno **108**
Barbone 27, 37, 160, **161**
Basenji 31, 60
Bassetthound 105, **154-155**
Bassotto 63
bastoni 27, 83, 109
bere **16-17**
Bloodhound 31, 53, 154, **155**, 156, 165
bobtail **53**, 144, 168
Border Collie 28, 39, 157
branchi di lupi 37, **44-45**, 77, 98
Bull terrier 49, 85, 98, 111, 116, 147

C

cagne 29, 49, 60-61, 80, 107, 113, 167, 168
calore 29, 49, **60-61**, 105, 113, 168
camminare al guinzaglio 68, **87**, 111, 115, 118-119, 122-123, 130
campagna **120-123**
Cane canoro della Nuova Guinea 43, 136
Cane da lupo Cecoslovacco 47
Cane da lupo di Saarloos 46-47
Cane di San Bernardo **156**
cani antidroga **164-165**
cani antitumore **166-167**
cani anziani **66-67**
cani d'acqua **160-161**
cani da caccia 50, 52, 124, **148-151**, 168
cani da compagnia 36, **138-139**
cani da guardia 36, 38, 85, **142-143**, 147
cani da pastore 52, 122-123, **144-145**, 158, 168
cani da pista 48, 105, **154-155**, 168
cani da slitta 31, **158-159**, 169
cani dell'esercito **162-163**
cani di assistenza **140-141**
cani di servizio 140-141
cani guida **140-141**
cani per audiolesi **141**
cani selvatici 11, 12, 15, 25, 43, 60, 61, 127, 136, 171
cani senza pelo 48, **135**
cani smarriti **130-131**
Cão de agua português 137
Carlino 31, 49, 67, 91, 94, 129
castrazione 29, 39, 116, 169
Chihuahua 49, 51-53, 113, 134
Chinook 159
Chow Chow 54, 69
cimurro 46, 169
code 28, 30, 37, 51, **52-53**
combattere **116-117**, 147
comportamentista per cani 115, 116, 169
conigli 124-125
conversazione 30
Coonhound 120, 137, 154
coprire gli odori **25**, 59
cucciolata 61, **76-81**, 169
cuccioli **76-101**
cuccioli appena nati 55, 61, **78-79**

D

dentizione 80, 96, **97**, 99, 109
diabete 67, 109
Dingo **42-43**, 135-136, 169
DNA 43, 45, 136, 169
Dobermann 92, 141-142, 163
domesticazione **42-43**, 169
dormire **12-13**

E

eccitazione **26-27**
elemosinare **18-19**
epilessia 101, 169
estranei **38-39**

F

fauna selvatica 73, 82, 87, 106, **120-121**, 124
feromoni 29, **60**, 105, 107, 169
Foxhound **154**

G

gatti 84, 89, 93, 125, **128-129**
gene merle **144**
gerarchia sociale **45**, 59, 76-77, 92, 99, 112, 117, 128-129, 169
ghiandole anali 101, 109
giocare 27, **32-33**, 66, 76, **82-83**, 87, 92, 94-95
giocare alla lotta 82, 117, 169
giocattoli 33, 82, 86, **94-95**, 98
giubbotti di salvataggio 72, 161
gonfiore 155, **169**
granuloma da leccamento 55
grattare **14-15**, 36, 39, 63
gravidanza 60, **61**, 113
gravidanza isterica 113

Greyhound 152, **153**
guaito 22, **30**, 88-89, 169

I

ibridi 46
identificare gli odori 45, **104-105**, 111, 164-167
igiene 16-17, 55, 108, 119
in strada 86, **118-119**
inchino d'invito al gioco 32, 57, **83**, 95, 99
incontrare altri cani **110-117**
incroci 42, 170
infezioni all'orecchio 15, 64

J

Jack Russell terrier 19, 21, 29, 38, 98, 146

L

Labradoodle 140, **160**, 161, 168, 170
"lascia" 33, 87, 95, 113
latrato **31**, 168
latte 17
leccare **54-55**
leccare la faccia 55
levrieri **152-153**, 170
lingua **54-55**
linguaggio del corpo 22-25, **48-53**, 58-59, 63, 88-91, 170
lupi 20, **42**, 43, 60
lussazione della rotula 138, **170**

M

mappatura olfattiva 106
marcare il territorio 15, **106-109**, 170
masticare 33, 82, 83, **96-97**, 109
Mastiff 13, 162
mastini 33, 85, 91, 156, 159, 162
mastite 80
microchip 64-65, 131, 170
mordere la coda **101**
mugolio 79
muso 66, 134, 170

N

naso 76, **104**, 105
nervosismo **88-89**, 115, 119
nomi 85
Norsk lundehund 135
nuotare **161**

O

obesità 18, **67**, 135
occhi 89, 91, 129, **143**, 144, 152, 158
orecchie 11, 26, 49, **50-51**, 105, 145, 147
origine dei cani **42-43**
ostilità **114-115**

P

parassiti **14**, 55, 61, 63, 88, 124, 170
partorire 60, **61**, 170
Pastore tedesco 46, 93, 141, **142**, 157, 162
paure **90-91**
placenta 61, 122
pointer **148-149**, 170
premi 19, 67
pulci **14**, 63, 88, 124

R

rabbia 112, 120
randagio **131**, 171
razze 134-139, 142-161, 170
razze Bichon 138-139
razze da lavoro 134-135, 137, **140-167**, 170
razze toy 52, 134, **138-139**, 146
retriever 18, 27, 32, 48, 120, 140, **150-151**, 164, 170
ricerca d'attenzioni 19, **22-23**
ricerca e soccorso **156-157**
rigurgito 55, **80**, 170
ringhio 30, 36, 99, 112, 114-115, 170
riporto 27, **32**, 34, 83, 87, 150-151
riposare **10-11**
riproduzione **60-61**
ritrovare la strada di casa 109
rotolare **24-25**, 59
rubare il cibo **20-21**
russare 13, 67

S

saltare **28-29**
salutare **34-35**
salute del cane 15, 16, **62-63**, 64-65, 87, 101, 109
scavare 15, **126-127**, 146-147
scooting **109**
sedazione **64-65**
segugi 31, 53, 124, **152-155**
setter **149**
Shar pei 54, 69
socializzazione 48, **56-57**, 64, 141, 147, 171
sognare 13
solitudine 23
sonno REM 13, 170
spaniel **150-151**, 164
spazzino 131, 171
sterilizzazione 60, 113, 169
svezzamento 80, 171

T

taglio delle orecchie 49, **51**, 163, 171
tail-chasing **100-101**
terrier 15, 66, 117, 125, **146-147**
territorialità 36, **37**, 38, 111, 171
tiro alla fune **98-99**
torsione dello stomaco 10, 169
tremare 79, 90
trovatelli 88-89, 91, 119, 141, 163

U

ultrasuono 130, 171
ululato 31, 171
urinazione 15, **106**

V

vaccinazioni 64, 86, 106, 120, 171
vermi 61
veterinaio 62, **64-65**, 66-67, 87, 89, 100, 109, 121
viaggiare **72-73**, 88
viaggiare in macchina **72-73**, 88
visitatori **36-37**
vocalizzi 19, **30-31**, 46, 79, 171

Z

zampe 15, 23, 35, 55, 97

Referenze iconografiche

Legenda: **a** = in alto **b** = in basso **c** = al centro **d** = a destra **s** = a sinistra

Copertina: Shutterstock / Susan Schmitz (as); Shutterstock / Barna Tanko (ad); Shutterstock / WilleeCole Photography (b).
Quarta di copertina: Shutterstock / Susan Schmitz.

Interni: 1 iStock/GlobalP; **2–3** Warren Photographic/Mark Taylor; **4–5** Shutterstock/Erik Lam; **6** iStock/GlobalP; **7a** Warren Photographic/Jane Burton; **7c** Warren Photographic/Jane Burton; **7b** iStock /Stephanie Phillips; **8–9** Corbis/ Jim Craigmyle; **10** Warren Photographic/Mark Taylor; **11** Animal Photography/David Jensen; **12** Shutterstock/Timophey_V_P; **13** DK Images/Dave King; **14** Warren Photographic/Jane Burton; **15b** Shutterstock/Viorel Sima; **15a** DK Images/Jerry Young; **16b** Getty/ Anderson Ross; **16a** Animal Photography/Sally Anne Thompson; **17a** Shutterstock/ifong; **17b** Shutterstock/Gelpi; **18a** Shutterstock/Willee Cole; **18b** Shutterstock/Lukas Zfus; **19** Shutterstock/Studio Foxy; **20a** Shutterstock/Liliya Kulianionak; **20c** Shutterstock/Erik Lam; **21** Shutterstock/Dorling Kindersley; **22** Animal Photography/Tetsu Yamazaki; **23** Shutterstock/Lobke Peers; **24a** DK Images/Tracy Morgan; **24c** DK Images/Dorling Kindersley; **25a** Getty/Martin Harvey; **26b** Warren Photographic/Jane Burton; **26c** Shutterstock/Jean Frooms; **27a** Warren Photographic/Mark Taylor; **28** Warren Photographic/Jane Burton; **29a** Animal Photography/Barbara O'Brien; **29b** Shutterstock/Margo Harrison; **30a** Warren Photographic/Jane Burton; **30c** Shutterstock/Utekhina Anna; **31b** Animal Photography/Anita Peeples; **32** Warren Photographic/Jane Burton; **33a** Warren Photographic/Jane Burton; **33b** Shutterstock/Willee Cole; **34b** Shutterstock/Zodrev Kirill Vladimirovich; **34c** Shutterstock/J. Paget, R. F. Photos; **35b** Shutterstock/Viorel Sima; **36b** Warren Photographic/Jane Burton; **36c** Warren Photographic/Mark Taylor; **37** DK Images/Emma Firth; **38** Getty/G.K. Hart/ Vikki Hart; **39** Warren Photographic/Jane Burton; **40–41** Shutterstock/Vitaly Titov and Maria Sidelnikova; **42** Animal Photography/Barbara O'Brien; **43a** Corbis/Joe McDonald **43b** Animal Photography/Martin Harvey; **44b** Shutterstock/Eric Isselée; **44c** Shutterstock/Maxim Kulko; **45a** Shutterstock/Torsten Lorenz; **45b** Shutterstock/Eric Isselée; **46a** Shutterstock/Chris Alcock; **46c** Warren Photographic/Jane Burton; **47a** Shutterstock/Maxim Kulko; **47b** Warren Photographic/Jane Burton; **48a** Warren Photographic/Mark Taylor; **48b** Shutterstock/Eric Isselée; **49a** Shutterstock/Eric Isselée; **49b** Shutterstock/Alexia Khruscheva; **50a** Shutterstock/Eric Isselée; **50b** Warren Photographic/Jane Burton; **51a** Shutterstock/Erik Lam; **51c** Shutterstock/Eric Isselée; **51b** Shutterstock/Dr. Margorius; **52a** Shutterstock/Foto Jagodka; **52b** Shutterstock/ Annette Shaff; **53a** Shutterstock/Annette Shaff; **53bs** Shutterstock/Eric Isselée; **53bd** Shutterstock/Annette Shaff; **54a** Shutterstock **54b** Shutterstock/Roman Sigaev; **55a** Animal Photography/Barbara O'Brien; **55b** iStock/Paul Tessier; **56a** Warren Photographic/Jane Burton; **56c** Shutterstock/A. Annal; **57b** Warren Photographic/Jane Burton; **58** Warren Photographic/Jane Burton; **59a** iStock/P. K. Photos; **59b** iStock/Lissart; **60a** DK Images/Tracy Morgan; **60b** DK Images/Jane Burton; **61** Shutterstock/ Erik Lam; **62** Warren Photographic/Mark Taylor; **63a** Shutterstock/Michael Pettigrew; **63b** Shutterstock/Susan Schmitz; **64c** Warren Photographic/Jane Burton; **64b** Warren Photographic/Jane Burton; **65a** Shutterstock/Willee Cole; **65b** Shutterstock/Kudrashka-a; **66** Shutterstock/Erik Lam; **67a** Shutterstock/Eric Isselée; **67b** Shutterstock/Eric Isselée; **68a** Shutterstock/Elliot Westacott; **68c** Shutterstock/Ljupco Smokovski; **69** Warren Photographic/Jane Burton; **70a** Shutterstock/Margo Harrison; **70b** Shutterstock/Rolf Klebsattel; **71** Shutterstock/Margo Harrison; **72** Shutterstock/Anne Kitzman; **73a** iStock/Revart; **73b** Shutterstock/Maksym Gorpenyuk; **74–75** Shutterstock/Erik Lam; **76ac** Warren Photographic/Jane Burton; **76b** Warren Photographic/Jane Burton; **77** Warren Photographic/Jane Burton; **78** Warren Photographic/Jane Burton; **79a** Shutterstock/Suponev Vladimir; **79b** Shutterstock/Tom Prokop; **80** Shutterstock/Paul Cotney; **81a** Shutterstock/Nikolai Tsvetkov; **81b** Shutterstock/Liliya Kulianionak; **82as** Warren Photographic/Jane Burton; **82c** Warren Photographic/Jane Burton; **83a** Warren Photographic/Jane Burton; **83b** Animal Photography/Paul Cotney; **84a** Shutterstock/ Eric Isselée; **84b** Warren Photographic/Jane Burton; **85a** Shutterstock/Anyka; **85b** Shutterstock/Willee Cole; **86** Shutterstock/ Russ Beinder; **87a** iStock/Carrick4; **87b** Shutterstock/Chris Howey; **88as** Shutterstock/H. D. Connelly; **88b** Getty/Cavan Images; **89a** Corbis/Michael Kloth; **89b** Warren Photographic/Jane Burton; **90b** Shutterstock/Eric Isselée; **90c** Corbis/John Madere; **91** iStock/Iculizard; **92** Warren Photographic/Jane Burton; **93a** Warren Photographic/ Jane Burton; **93b** Warren Photographic/Jane Burton; **94** Warren Photographic/Jane Burton; **95a** Shutterstock/Erik Lam; **95b** Warren Photographic/Mark Taylor; **96a** Warren Photographic/Jane Burton; **96cb** Warren Photographic/Mark Taylor; **97a** iStock/J. Bryson; **97b** iStock/J. Terry; **98a** Warren Photographic/Jane Burton; **98b** Warren Photographic/Chris Howey; **99** Shutterstock/Warren Goldswain; **100** Warren Photographic/Mark Taylor; **101a** Animal Photography/Barbara O'Brien; **101b** Corbis/Moodboard; **102–103** Warren Photographic/Jane Burton; **104** Shutterstock/Eric Isselée; **105a** Animal Photography/Dorien Brouwers; **105b** DK Images/David Ward; **106** Shutterstock/Paul Cotney; **107a** Warren Photographic/ Jane Burton; **107bd** Warren Photographic/Jane Burton; **107bs** iStock/Phototalk; **108** iStock/GlobalP; **109a** Warren Photographic/Kim Taylor; **109b** Shutterstock/Simone van den Berg; **110** Warren Photographic/Jane Burton; **111** Shutterstock/Willee Cole; **112** Warren Photographic/Jane Burton; **113** Shutterstock/Eric Isselée; **114b** Warren Photographic/Jane Burton; **115a** Warren Photographic/Jane Burton; **116b** Warren Photographic/ Mark Taylor; **116a** Shutterstock/D. M. V. Photos; **117** Shutterstock/Jacqueline Abromeit; **118** iStock/Ryan J. Lane; **119a** iStock/Ilbusca Photography; **119b** iStock/Mark Hatfield; **120** Animal Photography/Sally Anne Thompson; **121a** Warren Photographic/Jane Burton; **121cb** Warren Photographic/Jane Burton; **122** Shutterstock/Erik Lam; **123a** Shutterstock/Holly Kuchera; **123b** Shutterstock/Eric Isselée; **124** Warren Photographic/Jane Burton; **125** Warren Photographic/Jane Burton; **126** DK Images/David Ward; **127** Getty/Mark Scroggins; **128c** Warren Photographic/Jane Burton; **129b** Warren Photographic/Mark Taylor; **130a** Shutterstock/Willee Cole; **130b** Shutterstock/ Jean Frooms; **131a** iStock/Lillis Photography; **131b** Getty/Tracy Morgan; **132–133** DK Images/David Ward; **134** Animal Photography/Sally Anne Thompson; **135ca** Shutterstock/Erik Lam; **135b** Shutterstock/Dog Box Studio; **136** DK Images/Tracy Morgan; **137** Animal Photography/Tetsu Yamazaki; **137bd** Animal Photography/ Eva-Maria Krämer; **138–139** Warren Photographic/Jane Burton; **139ad** Animal Photography/Barbara O'Brien; **140–141c** Animal Photography/Barbara O'Brien; **141as** Shutterstock/Boris Djuranovic; **141b** Shutterstock/Eric Isselée; **142as** Shutterstock/Eric Isselée; **142bd** Shutterstock/Eric Isselée; **143cd** Animal Photography/Tetsu Yamazaki; **143bs** Shutterstock/Big Zen Dragon; **144ad** Warren Photographic/Jane Burton; **144bs** Shutterstock/Chris A. Anderson; **145a** Shutterstock/Katrina Leigh; **145b** Animal Photography/Tetsu Yamazaki; **146a** Shutterstock/Tkemot; **146b** Animal Photography/Barbara O'Brien; **147a** Shutterstock/Eric Isselée; **147b** Shutterstock/Eric Isselée; **148–149c** Animal Photography/Tetsu Yamazaki; **148b** Shutterstock/Eric Isselée; **149ad** Shutterstock/Erik Lam; **150a** Shutterstock/Eric Isselée; **150b** Shutterstock/ Eric Isselée; **151** Animal Photography/David Jensen; **152** Warren Photographic/Jane Burton; **153a** Shutterstock/EcoPrint; **153b** Shutterstock/Gelpi; **154a** Animal Photography/Tetsu Yamazaki; **154b** Shutterstock/Jean Frooms; **155a** Shutterstock/Erik Lam; **154–155c** Warren Photographic/Jane Burton; **156–157c** Shutterstock/Nikolai Tsvetkov; **156b** Shutterstock/Sparkling Moments Photography; **157** iStock/Figure8Photos; **158bs** Warren Photographic/Jane Burton; **158–159c** Animal Photography/ Barbara O'Brien; **159a** Shutterstock/Frederic Prochasson; **159cd** Corbis/Tim McGuire; **160** DK Images/Tracy Morgan; **161a** Shutterstock/Erik Lam; **161b** Shutterstock/ Plavevski; **162** Shutterstock/Eric Isselée; **163a** Getty/U. S. Navy; **163b** iStock/James Brey; **164** Ardea/John Daniels; **165b** DK Images/Dave King; **165a** iStock/Sadeugra; **166** Animal Photography/Barbara O'Brien; **167a** Shutterstock/J. Paget, R. F. Photos; **167b** Shutterstock/Dennis Sabo; **171** Shutterstock/Marika Wisniewska; **173** Shutterstock/Eric Isselée